古传达摩易筋经

田文林　主编

北京体育大学出版社

策划编辑：吴海燕
责任编辑：吴海燕
责任校对：文冰成
版式设计：万达腾飞

图书在版编目 (CIP) 数据

古传达摩易筋经 / 田文林主编 . -- 2 版 . -- 北京：北京体育大学出版社，2016.5（2022.7重印）

ISBN 978-7-5644-2268-4

Ⅰ . ①古… Ⅱ . ①田… Ⅲ . ①易筋经（古代体育）—基本知识 Ⅳ . ① G852.6

中国版本图书馆 CIP 数据核字 (2016) 第 105295 号

古传达摩易筋经　　田文林　主编

出版发行：北京体育大学出版社
地　　址：北京市海淀区农大南路1号院硅谷亮城2B-212
邮　　编：100084
发 行 部：010-62989320
邮 购 部：北京体育大学出版社读者服务部　010-62989432

印　　刷：唐山玺诚印务有限公司
开　　本：710 mm × 1000 mm　1/16
成品尺寸：170 mm × 240 mm
印　　张：7.5
字　　数：132 千字
版　　次：2011 年 7 月第 1 版　2016 年 5 月第 2 版
印　　数：2022 年 7 月第 6 次印刷
定　　价：26.00 元

《古传达摩易筋经》主编

田文林

宗風真脉

總攷其法
圖成十二
誰實貽諸
五代之季
達摩西來
傳少林寺
有宋岳侯
更為鑑識
却病延年
功無與類

【源流诀】

总考其法，图成十二。

谁实贻诸，五代之际。

达摩西来，传少林寺。

有宋岳侯，更为鉴识。

却病延年，功无与类。

易筋經序
宋少保岳鵬舉鑒定
易筋經
本衙藏板

目 录

上篇 达摩站功易筋经

中篇 达摩坐功易筋经

下篇　达摩卧功易筋经

上篇　达摩站功易筋经

第一势　韦驮献杵第一势

（一）预备势

【古诀】

将欲行持，摒却纷扰。

收摄心神，专意调息。

气沉丹田，渐次动之。

1. 两脚平行站立，脚距与肩同宽，身体正直，两臂自然下垂于体侧，五指自然并拢微屈；双眼平视，或可垂帘含光；收摄心神，排除纷扰，专意调息，气沉丹田。（图 1-1）。站立一会后，感觉心意入静了，气息徐缓、深长、均匀了，接练下动。

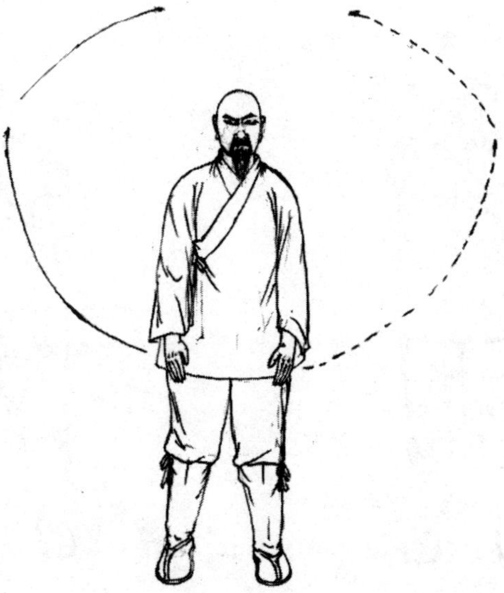

图 1–1

2. 用鼻缓缓吸气，同时，双手缓缓向两侧托起，双臂伸开，掌心向上，掌指向外。双掌过肩后，再向里合，掌心向里相对，掌指向上；双眼自然平视。（图 1-2）

图 1–2

3. 两掌至头顶正上方，使两掌心相贴，成合十掌。接着，两合掌缓缓沿体中线、经面部下落于胸前，同时，用鼻将气缓缓呼出，全身放松。（图 1-3、图 1-4）

图 1–3

图 1–4

4. 缓缓吸气，同时，合掌两手缓缓举过自己的头顶正上方，仰面，目注双掌。（图 1-5）

5. 两掌缓缓向左右分开，掌心向前。（图 1-6）

6. 两掌从两侧落下，内收于脐腹前，左掌心贴抱右掌背，两虎口向前，同时，用鼻将气缓缓呼出，头面变正，目光自然平视前方。（图 1-7）

图 1–5

图 1–6

图 1–7

【说明】

预备势不同于一般的站立，它是行功前重要的准备，为习练功法做好生理、心理和姿态上的准备，有调身、调息和调神的作用。

（二）韦驮献杵第一势

【古诀】

立身期正直，环拱手当胸。

气定神皆敛，心澄貌亦恭。

【古谱】

取两手当胸，平托一物，献递于人之意。亦名环拱势，则因形态而命名也。（图 1-8）

此为直立势之一。做此势时，须气沉丹田，精神内敛，心澄志一，貌自恭敬；乃正身直立，做立正势，平展两臂，掌心向上，自肋下徐徐上托，至胸前停顿，双腕平直，屈肱内向，环拱胸前，故曰环拱手当胸。

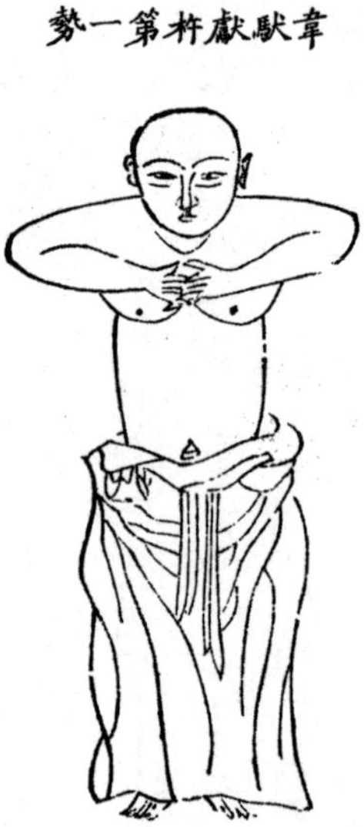

图 1–8

1. 由预备势最后一个动作开始。两手同时缓缓向身体两侧上提，至与肩平时，掌心斜向下；吸气配合。（图 1-9、图 1-10）

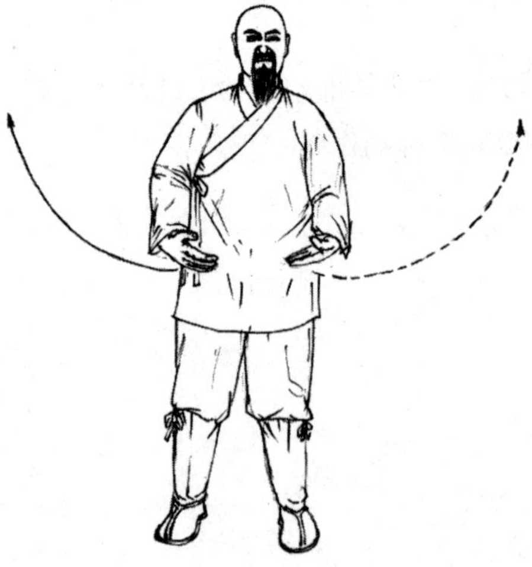

图 1–9

图 1–10

2. 两前臂外旋，缓缓向正前方直臂合拢，两掌相距约一横拳，手指向前，掌心相对，虎口向上，高与肩平，两臂稍弯曲，肘尖略下沉，如同捧着一个降魔杵在肘关节处。（图 1-11）

3. 两手同时内收，两手大拇指按在自己的胸前，掌心向下，肘臂抬平，目依然平视。（图 1-12）

图 1-11

图 1-12

要点

1. 屈臂平托时，宜松肩，勿耸。

2. 两臂相合时，两臂宜伸直，勿屈，肩、肘、腕三者呈水平，意想其力由肩至肘至腕，意念引导，使连于指尖为度。

3. 两臂平分时，臂宜伸直与肩水平，眼平视，颈项挺直，下颌内收，精神专注，动作徐缓。

效用

1. 此势为上肢肌肉与经络的锻炼。

2. 屈前臂即肘关节屈时，主要锻炼肱二头肌，肱肌等。

3. 通过神敛和两掌相合的动作，可起到气定神敛、均衡身体、左右气机的作用，可改善神经、体液调节，有助于血液循环，消除疲劳。

4. 老年人最常见的是头重脚轻——上实下虚的状态。在此拱手环抱定势中，均匀缓慢地呼吸，能迅速消解焦虑与紧张，自然气沉丹田而达到上虚下实、心平气和、百脉通达的健康状态。

第二势　韦驮献杵第二势

【古诀】

足趾拄地，两手平开。

心平气静，目瞪口呆。

【古谱】

此势取两臂自左右平举，两掌平托一物，献递于人之意。（图 1-13）

行功之时，须先意气平和，心无妄念，呼吸平和均匀；乃锻炼两臂，徐徐左右上托（掌心向上），以腕与肩平为度，足踵随之提起，两眼平视，闭口使呼吸之气，由鼻孔出入。

图 1-13

1. 由韦驮献杵第一势的最后一个动作开始。两手同时向肩上、头侧缓缓地立前臂抬掌，并向左右两侧分开；同时，两足跟缓缓抬离地面，以脚前掌支撑地面。两掌左右分开直至两臂平肩时，气刚好吸满，掌心向上，指尖向外。（图 1-14～图 1-16）

图 1-14

图 1-15

2. 用鼻缓缓呼气，同时，两手下落至两大腿外侧，掌心向前，指尖向下，脚跟随之落地。（图 1-17）

图 1-16

图 1-17

3. 吸气，两手伸臂由下向上托起，至掌与额平，掌心向上。（图 1-18、图 1-19）

4. 两掌指向两耳侧绕转，两掌心向上，指尖向后，置双掌于双肩前上方，做欲托重物之状。（图 1-20）

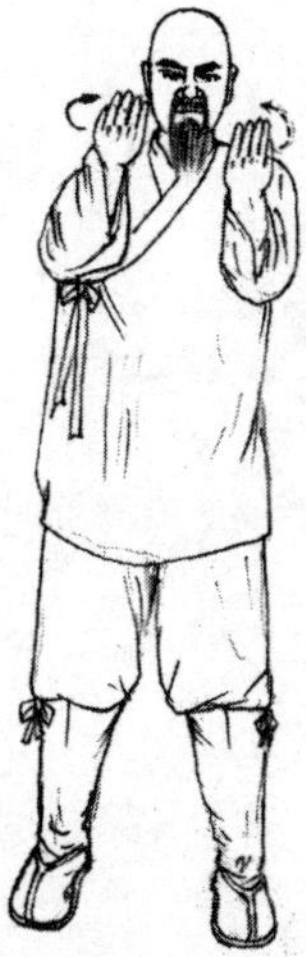

图 1-18

图 1-19

图 1-20

要点

1. 做此势时，两臂平直呈水平状，上身不可倾斜，脊骨中正，以头顶领起全身，腿部尤须着力。

2. 足跟随着两手的起落而起落，慎勿摆动、摇晃，更不要以足踵猛力顿地，防止过于震荡伤脑。各动作均宜徐徐提起，缓缓而落，以意导力，达于十指。

3. 分托平托时，注意掌心平开宜与肩平。

4. 臂下落时，宜徐徐下落，如随地心吸引力而自然下落，则气达指尖。

效用

1. 通过伸展上肢和手掌外抻的动作导引，起到梳理上肢经络的作用，提高肩、臂的肌肉力量，有助于改善肩关节功能，并且能调炼心、肺之气，改善呼吸功能和气血运行。

2. 舒胸、健肺、矫正腰背畸形，解除疲劳，伸肱理气，贯通百脉。

3. 此势头向上领、松腰、两脚向地深注，在心理上给人以顶天立地之感，将人之气与天地之气相接连，两臂大张，双手无限伸展，如融于宇宙之中。这一天人合一的宏伟气量，对身心健康非常有益，日常生活中一些不良情绪和心理障碍自然云消雾散。

第三势　韦驮献杵第三势

【古诀】

掌托天门目上观，足尖着地立身端。
力周腿胁浑如植，咬紧牙关不放宽。
舌可生津将腭抵，鼻能调息觉心安。
两拳缓缓收回处，用力还将挟重看。

【古谱】

此势取两手举物过顶，敬献于人之意。亦名托天势。（图 1-21）

此亦为直立势。直身而立，足尖着地，两臂由左右高举，两手反转上托，掌心向上，若托物然，及托至顶上，两臂伸舒，两手指尖相对，目上视，闭口舌舐上腭，气从鼻孔出入，呼吸均匀。足踵提起，力由腿部而上，周于两胁，复运腋力，顺两臂贯注掌心，运于指端，始缓缓落下。

图 1-21

1. 承接韦驮献杵第二势最后一动。配合吸气，两掌缓缓上举过头顶，掌心向上，掌指向里；两掌用力上撑的同时，抬起脚跟。两掌上撑时，须有掌托重物的意念；足前掌立地，须有插入地下的意念，使身躯尽量拔抻拔长，并要注意肋、腿中段的劲力锻炼。（图 1-22）

2. 两手合拢，左掌心托住右掌背，掌心向上，两目尽量上翻，有内视天门之意。（图 1-23）

图 1–22

图 1–23

3. 缓缓呼气，同时，两掌左右分开下落，收于脐腹前，左掌心贴住右掌背，掌心向上，小指侧掌缘贴于脐腹；脚跟随之落地。（图 1-24、图 1-25）

图 1–24

图 1–25

要点

1. 两臂高举时，两臂伸直不可弯曲，掌心向上，用力上托，二目上视，两肩放松，不可上耸。

2. 脚跟提起，原则上愈高愈好，能够增强锻炼脚力与腿力效果。但初练者不得勉强。

3. 提踵时，力由尾骨循脊柱上升，运于顶上。下按时，气沉丹田。行之日久，则身体自然强健。

效用

1. 此势为全身性锻炼，其注意点为肩、腕、足部。

2. 对解除眼睛疲劳和其所致的头晕脑胀有效。眼睛疲劳多因长时间看书、写字或看细小近物引起眼睛睫状肌、内直肌和上直肌的高度紧张或痉挛所致，仰面遥看九天，可迅速消除上述肌肉的紧张，眼睛疲劳感顿消。

3. 治腰痛、肩臂痛，抻长肢体和脊柱，可预防和矫正驼背畸形。

4. 有调理三焦的作用。中医学认为“上焦主纳，中焦主化，下焦主泄”。即上焦主呼吸，中焦主消化，下焦主排泄。它概括了人体内脏的全部功能。

5. 上举呼吸时，胸廓位置提高，增大膈肌的锻炼。同时由于上肢的活动使血液的供给发生变化。

6. 由于上举吸气，横膈上升，小腹自然内收而形成逆腹式呼吸，此时腹腔内脏器官受到充分自我按摩；呼气时上肢下落，腹肌松弛，腹压较一般呼吸要低得多，这样就使腹腔诸内脏得以调理，因而起到防治疾病和健身的作用。

第四势　摘星换斗势

【古诀】

只手擎天掌覆头，更从掌内注双眸。

鼻端吸气频调息，用力收回左右侔。

【古谱】

一手向上托，若摘星斗，两手互换为之，故名。（图 1-26）

此亦为直立势。双手作掌，由侧面向上高举，掌心向上托，覆于顶上，目光上视，鼻端吸气。臂下落时，气向外呼。左右互换而习。

图 1-26

1. 承接韦驮献杵第三势最后一个动作。先练右势。向左侧先伸出右手，掌心向上，指尖向左；同时，左手向后，掌背贴于后腰部，掌指向右；这时候眼看着右手的运势来进行运转。右手再由左侧向右（经身前）上举过自己的头顶，掌心向上，掌指向左，眼始终随着右手转。（图 1-27 ～图 1-32）

图 1-27

图 1-28

图 1-29

图 1-30

图 1-31

图 1-32

2. 左手由腰后上举，与右手同高时，左掌心贴于右掌背，用力上托，目注掌背。（图 1-33、图 1-34）

图 1-33

图 1-34

3. 两掌托举稍停顿片刻，接着左右分开，缓缓下落收至腹侧，指尖向下，掌心相对，二目平视前方。（图 1-35、图 1-36）

图 1-35

图 1-36

4. 右掌上收于脐腹前时，左掌上收以掌心贴托住右掌背，两掌心向上，以小指侧掌缘贴于脐腹。（图 1-37）

5. 接着做左手绕转动作，方法与右势相同，唯方向相反。

图 1–37

要点

1. 转身以腰带肩，以肩带臂；屈臂平托时，目宜视前方；臂平分时，目亦随之旋转；上托时则仰面注视掌背，臂下落则还原正视。

2. 目上视时，注意松腰、收腹，左右臂动作要协调，自然放松，上体左右旋转，两腿直立不动，臂后屈手宜拄腰肾，其手背贴附之力，须与上托之臂相应。

3. 颈、肩病患者，动作幅度的大小可灵活掌握。

效用

1. 此势为上肢、头部、腰部及下肢的锻炼。

2. 通过阳掌转阴掌（掌心向下）的动作导引，目视掌心，意存腰间命门，将发动的真气收敛，下沉入腰间和命门两肾，可达到壮腰健肾、延缓衰老的功效。

3. 有调理脾胃、治疗胃脘胀痛及醒脑明目的作用，增强颈、肩、腰等部位的活动幅度，并可治疗颈、肩、腰诸关节的疼痛。

第五势　倒拽九牛尾势

【古诀】

两腿后伸前屈，小腹运气空松。
用力在于两膀，观拳须注双瞳。

图 1-38

【古谱】

取周身用力后拽状，若执牛尾者然。（图 1-38）

由立正势，两足分开，右（左）腿屈膝，左（右）腿伸直，左弓箭步桩势。同时右（左）臂亦向右（左）侧方伸出，仰手拢五指成勾手。肱略屈，左（右）臂背手，向左（右）后伸，仰手拢五指成勾手，臂膀用力，气沉丹田，两眼注视前手。

1. 由摘星换斗势最后一个动作开始。两手缓缓地托起于头顶前上方，成两腕交叉状，左手在外，右手在里，掌心向上。（图 1-39、图 1-40）

图 1-39

图 1-40

2. 身体右转，右脚收提并向右侧方上一步，以脚跟着地，脚尖跷起，左腿缓缓蹲屈；同时，左右手缓缓分展，两臂平肩，指尖向上，掌心向外，目视右侧方。（图 1-41、图 1-42）

图 1–41

图 1–42

3. 右脚掌落地，上身前拥，成右弓步；同时，两臂自两侧下落，在右膝前合抱，掌心相对，指尖向下。（图 1-43、图 1-44）

图 1–43

图 1–44

4. 两掌向右膝上方抱起，至胸位时屈指握拳，并向胸收撤，两拳相并，拳心对胸；同时，左脚稍微向后滑步、抬跟、屈膝，目视前方。（图 1-45 ～图 1-47）

图 1-45

图 1-46

5. 两拳变成虎爪状，右爪心向前，虎口向左，缓缓伸臂向前平推；左爪向左后下方反划至左臀上方，爪心向上，虎口向右，目平视前方。头尽量向前探，后爪要托起，前爪伸出去。此为右势。（图 1-48）

图 1-47

图 1-48

6. 身向左转，上身立起；同时，两手前臂里合、交叉，左爪在外，右爪在里。（图 1-49）

7. 左脚向右小腿内侧收提，继向左前方上一步，脚尖跷起，以脚跟着地；同时，两爪变掌向左右上分展，掌指向上，掌心向外，高与头平。目视左前方。（图 1-50）

图 1–49

图 1–50

8. 左脚掌落地，上体前拥成左弓步；同时，左右掌自上下落，经体侧向左膝前合抱，掌心相对，虎口向前。此为左势之开始。（图 1-51）

9. 连续练习左势。练法同右势，方向相反。

图 1–51

10. 上身起立，右脚内收，两脚间距与肩同宽；同时，两手成掌上举，至头顶相交之际，即向左右分开、下落、收抱于脐腹，左掌心抱住右掌背，两掌心向上，小指掌侧缘贴于脐腹，二目平视。（图 1-52 ～图 1-54）

图 1-52

图 1-53

图 1-54

要点

1. 以腰带肩，以肩带臂，力贯双膀。
2. 腹部放松，目视前爪。
3. 前后拉抻，松紧适宜，并与腰的旋转紧密配合。
4. 退步时，注意掌握重心，身体平稳。

效用

1. 此势亦上肢及下肢的锻炼。

2. 通过四肢上下协调活动，可改善软组织血液循环，提高四肢肌肉力量和关节活动幅度。

3. 上体前俯时，气运至胸廓上部，可以改善肺上部的血液循环，使肺部血流量均匀。上体前俯时腹部抵压于前弓腿的大腿上，这时腹腔受压所产生的推动作用，有助于横膈膜松弛，使呼吸时膈肌运动幅度增大。横膈膜上下运动每增加1厘米，肺多吸入250毫升空气。肺通气量的改善可使身体获得较多的氧气。

4. 由于横膈膜升降幅度增大和上体前俯时其特殊的导引作用，使小骨盆腔和腹腔高于或平于心脏，因此，肝、肾、脾、胃、胆、肠、生殖器官等腹腔和盆腔脏器由于受到重力和压力双重作用下的节律性自我按摩，促进静脉血回流，使它们的机能得以改善，尤以消除小骨盆腔脏器的淤滞，更有突出的作用。这是易筋经对泌尿和生殖系统疾病有较好预防和治疗作用的主要机理。

5. 对面部肌肉、皮肤、眼、耳、鼻诸器官的血液循环也有好处。长期坚持练习，对五官机能和颜面健美都有积极作用。“恰似正开莲，又似桃花面”，是长期练习此功的必然结果。

综上所述，脊柱节律性的屈伸，牵连内脏各器官以及全身的关节、肌肉和皮肤一起动，增强了各个系统的功能。实践证明，此势对高血压病、心脏病，消化不良、肥胖症、便秘、内脏下垂、神经衰弱、阳痿、早泄、前列腺炎、盆腔炎、子宫后倾、盆腔充血、肝胆和输尿管结石、慢性肾炎、慢性气管炎和肺气肿等疾病都有一定的防治作用。

第六势　出爪亮翅势

【古诀】

挺身兼怒目，推手向当前。

用力收回处，功须七次全。

图 1-55

【古谱】

两手做掌前推，如鸟之出爪，由后运臂向左右分展，如鸟之亮翅然。（图 1-55）

挺者，直也。挺身者，身体挺直。当前者，向胸前正面也。挺身而立，目前视，两手做掌，向前双推，然后用力运臂收回。

1. 由倒拽九牛尾势最后一势开始。两手自腹前翻掌，沿体中线（经面部）向头顶上方托举而起，掌心向上；目光平视。（图 1-56、图 1-57）

图 1-56

图 1-57

2. 两掌向左右直臂缓缓分开，并弧形下落，继提至胸前，后屈肘、竖腕，掌背对肩，掌心向前。（图 1-58、图 1-59）

图 1–58

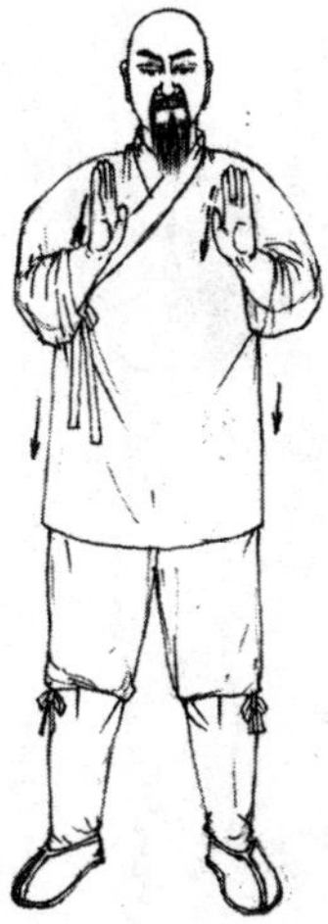

图 1–59

3. 伸腰前探，同时，两手向前推出，掌心向前，掌指尖向上。直至两臂伸直，上体与地面成平行，两膝挺直。目视前方。（图 1-60）

4. 配合呼气，两掌合拢相互拍击，掌要击响，掌指尖向前，虎口向上；目视双掌。（图 1-61）

图 1–60

图 1–61

5. 直身，两手上举至臂直，掌心向上，指尖略相对。（图 1-62）

6. 两臂左右分展，下收至腹前（指尖向下，掌心相对）；继抬腕竖掌，使掌心向前，指尖向上，掌背对肩；目视前方。（图 1-63 ～图 1-65）

图 1-62

图 1-63

图 1-64

图 1-65

7. 托掌上举，分展下落，抱掌于腹前（左掌心抱住右掌背，右掌心贴在脐前），用鼻缓缓将气呼出。（图 1-66）

按上述动作反复练习 7 遍，即可进入下一势的练习。

图 1-66

要点

1. 前推时，手腕宜与肩平，手指挺直勿屈；膝部挺直，瞪眼怒目。

2. 两掌运力前伸，先轻如推窗，后重如排山，收掌时如海水还潮，肩胛内收。

3. 上体前探与地面平行，膝挺而足跟不可离地。

效用

1. 中医认为“肺主气，司呼吸”。通过伸臂推掌、屈臂收掌、展肩扩胸的动作导引，可反复启闭云门、中府等穴，促进自然之清气与人体之真气在胸中交汇融合，达到改善呼吸功能及全身气血运行的作用。同时可提高胸、背部及上肢肌肉力量。

2. 俯身时对腰肌的拔抻，可培补肾元，气贯四肢，灵活肩、肘、腕、指诸关节。

第七势　九鬼拔马刀势

【古诀】

侧首弯肱，抱顶及颈。

自头收回，弗嫌力猛。

左右相轮，身直气静。

图 1–67

【古谱】

盖因马刀甚长，非自背后拔刀，不能出鞘，此乃仿其形势而为动作者也。实为鸥顾势的头向左右顾盼之法。（图1-67）

直立姿势。侧身而立，头向左右顾视，左（右）臂自头侧方高举，向对方屈肱，以左（右）手搬抱下颌骨，同时右（左）臂屈肱后回，横置腰间。下肢直立勿动，呼吸调匀，心定气静。左右互换动作。

1. 由上一势的两手抱于脐腹姿势变为左手反掌用掌背贴于后腰，指尖向右，虎口向上，右手自腹前向右侧下摆，继向上（经胸前）、向左侧绕弧，至与面部同高时下划向左胸肋而停住，掌心向上，眼随手走。（图 1-68 ～图 1-70）

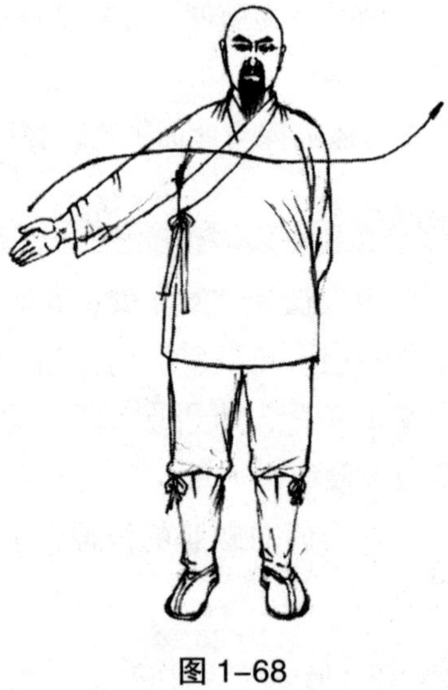

图 1–68

图 1–69

图 1–70

2. 右手继续画弧，经腹前向右侧方划至臂伸直时，则向右上方斜举，举至一定程度而移向左头顶下落掌，五指弯曲扳住左侧下巴。(图1-71～图1-73)

图 1–71

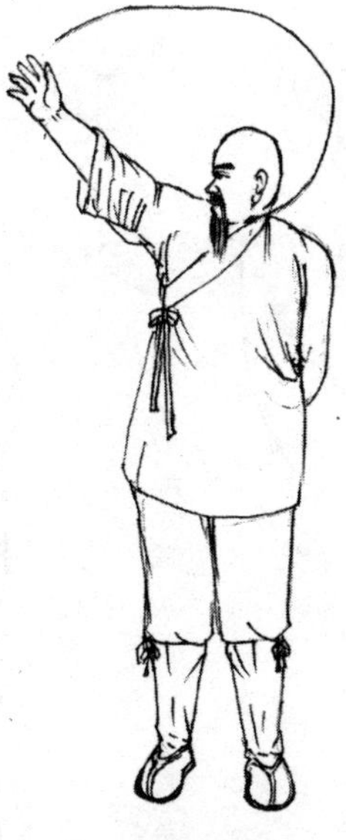

图 1–72

图 1–73

3. 右手带动头部缓缓向左侧后转动，至一定程度，两目用力向左后侧瞪视。（图 1-88）

4. 松开右手，头部回旋向前，同时，左手上举与右手在头顶上方交叉举臂，左手在前，右手在后，掌心向上。继向左右分开，下落收抱于腹前，左掌心抱贴住右掌背，掌心向上，小指侧掌缘贴于脐腹。（图 1-74 ～图 1-77）

图 1–74

图 1–75

图 1–76

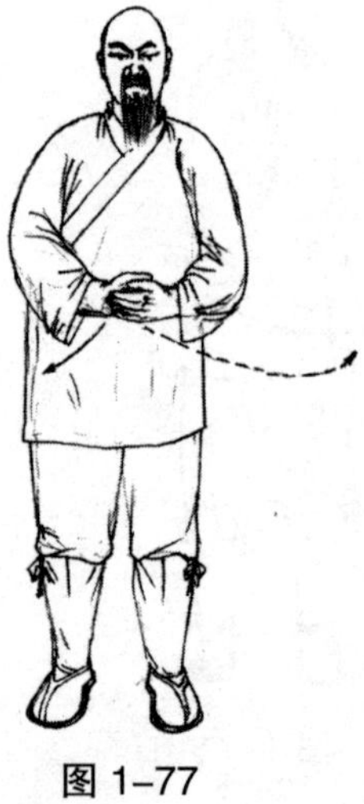
图 1–77

5. 做左手扳头，动作与右手扳头势相同，唯方向相反。

6. 左手反贴于后腰命门部位，手心向后，手指向右，右手自腹前向左肩上方伸出，继向下（经小腹）、向右侧绕弧，向上过头顶上方时屈肘，手经脑后下落，约至大椎穴部位，手心向内。此时，左手沿脊椎上移，尽量与右手靠近，手背贴住脊沟。（图 1-78 ～图 1-82）

图 1-78

图 1-79

图 1-80

图 1-81

图 1-82 背面图

7. 两手上下分开之际，立即再向背的中间部位合拢，尽量达到两手的手指相贴（久练后两掌即可轻松在背后相扣），连续2次分合动作。（图1-83～图1-85）

图1-83

图1-84

图1-85 背面图

8. 两臂从体侧分开上举，两掌相交于头顶上方，继左右分开、下落收抱于腹前，左掌心抱贴住右掌背，小指侧掌缘贴于脐腹，两掌心向上，二目平视。（图1-86、图1-87）

图1-86

图1-87

9. 做左手在上、右手在下的动作，方法与上述左手在下、右手在上的动作相同，唯方向相反。

要点

1. 动作对拔拉抻，尽量用力，身体自然弯曲转动，协调一致。

2. 扩胸展臂时自然吸气，松肩合臂时自然呼气。

3. 合臂时，身后之臂主动上推，动作要放松，切忌着意转动头部。

4. 高血压病、颈椎病患者和年老体弱者，头部转动的角度应小，且轻缓。

5. 全势动作要循序渐进，坚持练习，逐渐达到高标准。

效用

1. 此势通过身体的扭曲、伸展等锻炼，使全身真气开、合、启、闭，脾、胃得到摩动，肾得以强健，并具有疏通玉枕穴和背部膀胱经诸穴的作用。

2. 可提高颈肩部、腰背部肌肉力量，有助于改善关节的活动幅度，矫正颈项前伸及脊柱不正等症，并治疗头目不清、脖颈酸痛、脊背疼痛诸病。

3. 在腰、腹、胸、背等肌肉得到锻炼的同时，增强脊柱与肋骨各关节的活动范围，促进胸壁的柔软性和弹性。因而，对防治肺气肿及气管炎有效。

4. 据报道，美国波士顿大学医学院的一些科学家，对550多人进行了两年一次的定期体格检查，经过长达30年的跟踪研究，根据所得资料，科学家们断定，肺活量可对人的寿命长短作出精确的预告，可以作为一个人总的健康状况和精力的标志，肺活量小的人不能和肺活量大的人同享高寿。为了延年益寿，人们必须发挥肺功能的潜力。长期坚持易筋经练习，尤其是多练九鬼拔马刀势与倒拽九牛尾势，对增强肺功能有极佳效果。

第八势　三盘落地势

【古诀】

上腭坚撑舌，张眸意注牙。

足开蹲似踞，手按猛如拿。

两掌翻齐起，千斤重有加。

瞪睛兼闭口，起立足无斜。

图 1–88

【古谱】

此势即取肩胯足部匀满如环之意。（图 1–88）

盘者，物体托根之处。“三盘”，系武功用语，即头为上，其盘为肩；胸腹为中，其盘为胯；腿膝为下，其盘为足。三盘落地者，乃功势中肩、胯、足三盘始终要保持向下沉坠之法，使形、意、气俱向下行，如入地中。所谓“肩沉则气固，足沉则步固”，人体三盘向下沉坠不浮。

两腿下蹲，成骑乘势之八字桩，两臂垂张，如鸟之两翼，手掌分按。复挺身起立，屈臂用力，翻转两掌上托。足尖勿动，闭口，舌抵上腭，目向前平视。

图 1–89

1. 由上一势最后双手抱于腹前的姿势开始。右脚向右摆半步，同时，两掌相贴翻转，缓缓沿体中线（经面部）托举过头顶。继向左右缓缓分开成展臂势，掌指尖向上，掌心向外。（图 1–89 ～图 1–91）

图 1–90

图 1–91

2. 两掌继续下落至腹前方，掌心向前，指尖向前下。再向前上方缓缓抬起，至两臂、掌与肩平，掌心向上，目视两掌。（图 1-92、图 1-93）

图 1–92

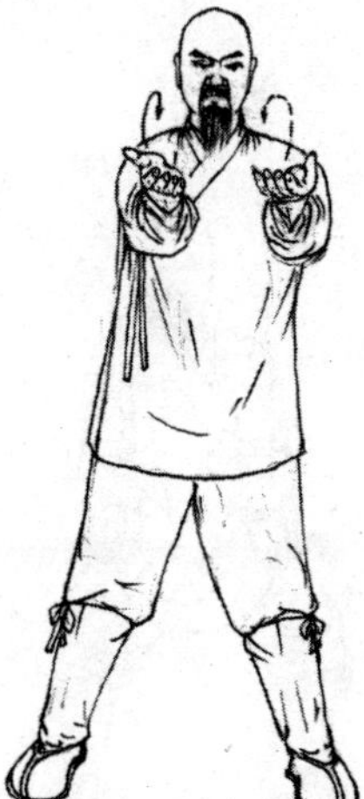

图 1–93

3. 两掌翻转成掌心向下，并向下按，同时，两腿缓缓下沉。两大腿蹲平时，两掌停于两膝上方与肋平。（图 1-94、图 1-95）

图 1-94

图 1-95

4. 两掌翻转成掌心向上，缓缓向上托起至与肩平，同时，两腿伸膝直立。（图 1-96、图 1-97）

图 1-96

图 1-97

5. 翻转两掌，随沉身之势缓缓下按，臀部下坐。两掌下按至两小腿外侧，大约在足三里穴位高处时，臂伸直，臀部略沉，低于两掌。（图1-98、图1-99）

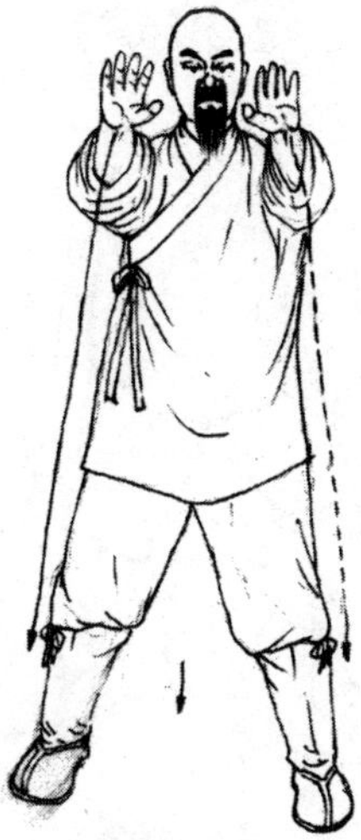

图 1-98

图 1-99

6. 两掌翻转（掌心向上）至膝盖前时，身体上升，同时，缓缓托掌抬臂而起。直至两腿伸直，掌、臂与肩平。（图 1-100、图 1-101）

图 1-100

图 1-101

7. 翻转两掌（掌心向下），缓缓下按，同时，沉身，两腿屈膝缓缓下蹲。直至两膝向前下跪于地，使整个小腿胫面贴地，两掌按于两膝外侧地面，上身正直，二目平视。（图 1-102、图 1-103）

图 1–102

图 1–103

8. 上势略停片刻。两掌内翻成抱捧状，掌心向上，虎口张开，拇指向上微屈，两膝随之缓缓蹲立而起，徐徐立起上身，两手也随之向腹前交叉（左手在下，右手在上，两腕相贴），并沿体中线上抬（经面部前面）上托举于头顶。继缓缓左右分开下落、收抱于腹前，左掌心抱贴住右掌背，小指侧掌缘贴于脐腹，两掌心向上，二目平视。（图 1-104 ～图 1-108）

图 1–104

图 1–105

图 1–106

图 1–107

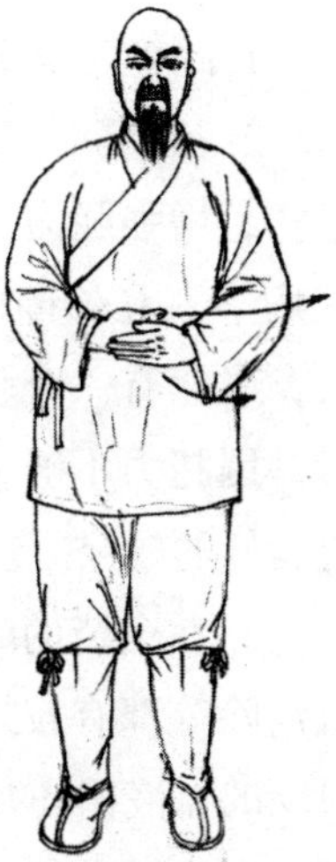

图 1–108

要点

1. 身之起落，以两掌翻落为牵动，以双膝屈伸为枢纽，向上时头顶虚悬，领起全身。下蹲时，尾闾下降，使气沉丹田，慎勿游移牵动。

2. 双臂随身起而上翻，降而下按，双掌务要用力。起降与呼吸相应，起时吸气，降时呼气。

3. 上提时，全脊椎骨直竖；下降时胸骨内含，首项不要向前突出。下蹲时，松腰、裹胯，两掌如负重物；起身时，两掌如托千斤重物。下蹲依次加大幅度。

4. 年老和体弱者下蹲深度可灵活掌握，年轻体健者可半蹲或全蹲。不论下蹲与起身，上体始终保持正直，不可前俯后仰。

效用

1. 此势为全身性锻炼。

2. 活动髋、膝、踝等关节，能消除脚踝和膝部之疼痛，并能使腿部肌肉坚实，增强腿力。医学研究表明，腿部肌肉是否结实，直接与健康有关。心脏病学家在诊断时，都很注意查看腿部肌肉。他们认为，大腿肌肉坚实的人，必然有一个强壮的心脏，大腿肌肉松弛者，心脏常是虚弱的。年老体弱者，因腿力不够，往往感到蹲起困难。认真练习此势，对蹲起机能的维持具有良好的效果。

3. 在全蹲的时候，对大腿和腹腔静脉血的回流，特别是对小骨盆腔的瘀血消除等都有较好的作用。蹲起练习是锻炼和增强心脏功能的最简易方法。对脑的血液循环及其生理机能的维持和提高作用也很明显。

4. 多练此势，对美尼尔氏综合症的防治亦有一定效果。蹲起练习还有刺激胃肠蠕动，帮助消化吸收，利于排便，强腰壮肾和治疗腰痛的作用。

第九势　青龙探爪势

【古诀】

青龙探爪，左从右出。

修士效之，掌平气实。

力周肩背，围收过膝。

两目注平，息调心谧。

【古谱】

覆掌左右推之而名也。（图 1-109）

图 1-109

此亦直立势。系以右臂前伸，右手成掌，由右腋下圈转向左伸出，掌心平向前推，连肩背力送之。右臂下落收回，须经过双膝之前，再以左肩向右伸出，掌心平向前推，肩背力送之。然后左臂下落，须经过双膝之前，两目平视，呼吸调匀，心自安宁。

1. 由上一势最后正身直立抱掌的姿势开始。左手抱拳放于腰间，拳心向上，右手先向左方探。接着，旋腕成掌心向下、沿胸前方向右侧平肩画弧，至右侧与肩平齐时，手心翻转向上，指尖向右，眼随手走。（图 1-110 ～图 1-113）

图 1-110　图 1-111

图 1–112

图 1–113

2. 右掌翻转向下按，至右髋侧时，复向左侧上方画弧，上体略左旋，将右掌放在自己的左耳根后侧，指尖向后，掌心向左。（图 1-114 ～图 1-116）

图 1–114

图 1–115

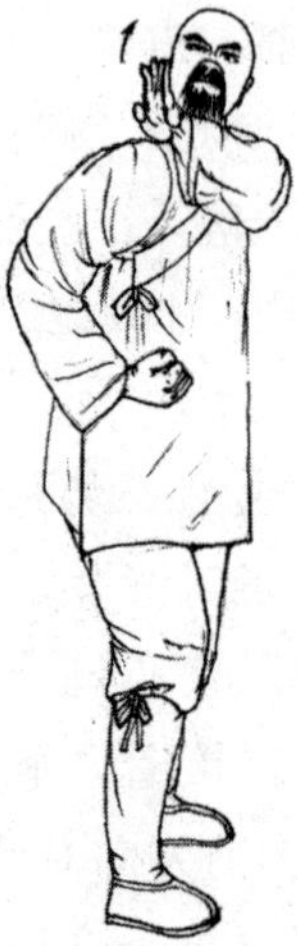

图 1–116 背面图

3. 上体向左稍微拧身，晃动，头向前上方伸，做呼吸之势。（图 1-117）

4. 两手上托交叉于头顶，继向左右分展、下收抱腰，拳心向上，探时吸气，抓握成拳时呼气。（图 1-118 ～图 1-120）

图 1-117

图 1-118

图 1-119

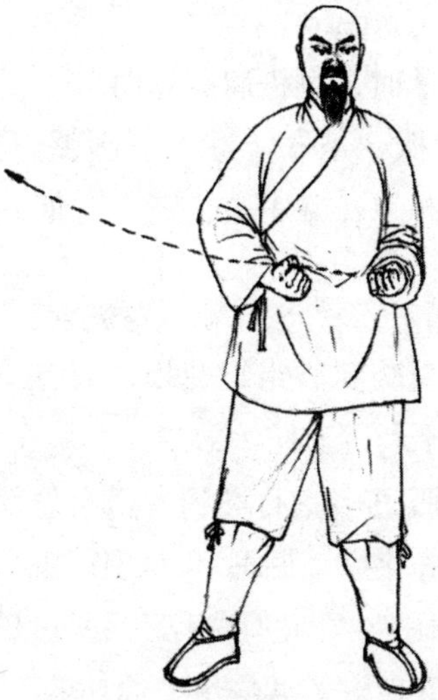

图 1-120

5. 上为右势。接着做左势，左势与右势相同，唯方向相反。

6. 松指成掌，左掌心抱贴住右掌背，小指侧掌缘贴于脐腹，两掌心向上，静心调息。（图 1-121）

图 1-121

要点

1. 头与上体左右转及左右手推出时，仍宜挺直勿动，两臂推出，宜与肩平，掌心吐力。

2. 在换掌时，宜松肩、垂肘。

3. 伸臂探“爪”（掌），画弧，力注肩背，动作自然、协调，一气呵成，目随“爪”（掌）走，意存“爪”（掌）心。

效用

1. 此势对腰腿软组织劳损、脊柱侧弯、腰痛、转腰不便、腿及肩臂酸痛麻木和屈伸不利等有防治效果。

2. 对腰腹过多脂肪堆积者，有修塑腰线的作用。此势具有抻筋拔骨、转骨拧筋、疏肝化瘀、调理肝气的作用，对强腰壮肾亦有良效。

3. 中医认为“两胁属肝”，通过转身、左右探爪，可使两胁交替松紧开合，达到疏肝理气、调畅情志的功效。

第十势　卧虎扑食势

【古诀】

两足分蹲身似倾，屈伸左右腿相更。

昂头胸作探前势，偃腰背还似砥平。

鼻息调元均出入，指尖着地赖支撑。

降龙伏虎神仙事，学得真形也卫生。

【古谱】

取卧虎取食物之动态而名之，其动作实为扑地伸腰。（图 1-122）

此势系由立正势，右足前进一步，屈膝成右弓箭步，同时上体向前屈，以两手五指着地，两臂伸直，头向上抬起，眼平视。然后右足向后撤，换左足为之，足尖着地，闭口舌抵上腭，呼吸由鼻孔出入。

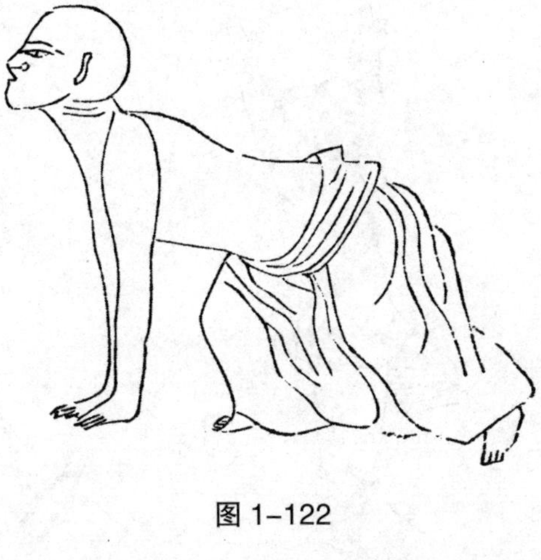

图 1–122

1. 由上一势收势开始。两掌心向上，沿体中线上抬，至下颌时翻转（掌心仍向上），向头顶上方托举至臂直。（图 1-123、图 1-124）

图 1-123

图 1-124

2. 身体缓缓右转 90 度，继之两掌左右分开，同时，右脚收提，向右前方上步，以脚跟落地，脚尖跷起，两掌成扩胸分展，与肩同高，掌心向外，指尖略向上，二目平视。（图 1-125 ～图 1-127）

图 1-125

图 1-126

图 1-127

3. 右脚落地踏实，随之屈膝成右弓步，同时，两手由上向下（过两脚踝关节两侧）向前上捞起，像水中捞物一样，掌心向上，掌侧相并，虎口向外。（图 1-128、图 1-129）

图 1–128

图 1–129

4. 两手捞起后收回腰间，掌心向上，指尖向前下方，同时，上体立起，重心后坐于左腿，右脚尖上跷，足跟贴地，膝部伸直。（图 1-130）

5. 两臂自腰际经身后反举，过头顶上方两侧，掌心向上，指尖向后，同时，收提右脚，微仰身做前扑状。（图 1-131）

图 1–130

图 1–131

6. 右脚向前上落步，乘势上体前拥，左右掌向前扑按而下，揸开五指按于右脚前约一尺距离的地面上，俯身，上胸尽量向上抬，舌舐上腭，做卧虎扑食状，吸气配合。（图 1-132、图 1-133）

图 1–132

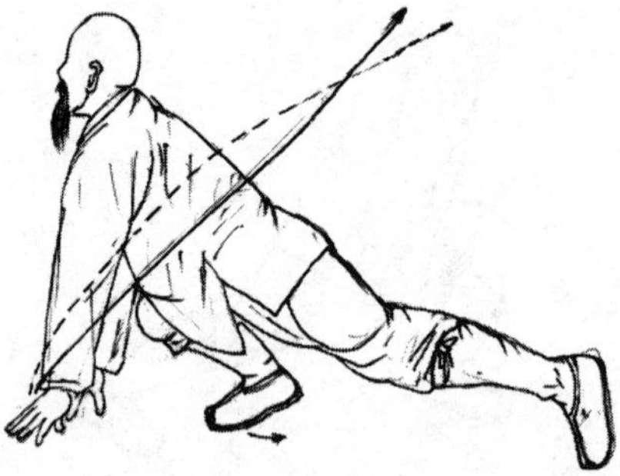

图 1–133

7. 上为右势，再接着做左侧的动作。起身，左转面向正前方，两手自胸前交叉向上举至头顶时，随即左转体约 90 度，余下动作与右势相同，唯方向相反。

8. 收右脚起身，两手上举交叉，继左右分展、下落收于脐腹前，左掌心抱贴住右掌背，两掌心向上，小指侧掌缘贴于脐腹，二目平视，调匀呼吸。（图 1-135、图 1-136）

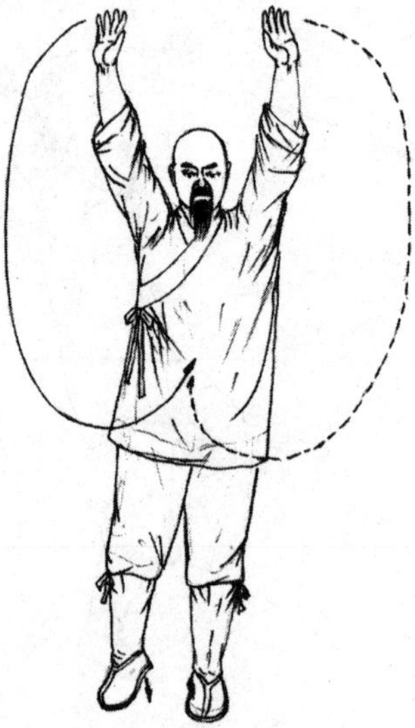

图 1–135

图 1–136

要点

1. 用躯干的蛹动带动双手前扑绕环。抬头、瞪目时，力达指尖，腰背部成反弓形。两臂前举或前推时，宜伸直与肩平。

2. 做弓箭步时，踏出之腿，尽力前屈膝，但膝部不可超过足尖，后腿尽力蹬抻。

3. 年老和体弱者可根据自身状况调整动作幅度，不可拘泥。

效用

1. 此势为全身锻炼，上体前屈，即脊椎前屈，可激活任脉。

2. 中医认为“任脉为阴经之海”，手足三阴经在任脉相交，故任脉可统领全身阴经之气。通过虎扑之势，身体的后仰，胸腹的伸展，可使任脉得以疏伸与调养，同时可以调和手足三阴之气。

3. 俯身呼气，两掌呈虎爪状，引气到指端；抬身吸气，引气到腰。练此势主旨在于调理四肢气脉，强指增力，强腰壮肾，吐故纳新，促进代谢功能，改善腰腿部肌肉活动功能，起到强健腰腿的作用。

第十一势　打躬势

【古诀】

两手齐持脑，垂腰至膝间。
头惟探胯下，口更齿牙关。
掩耳聪教塞，调元气自闲。
舌尖还抵腭，力在肘双弯。

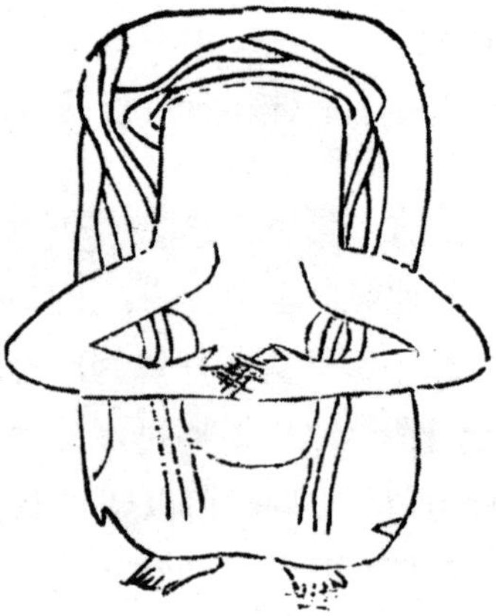

图 1-37

【古谱】

取抱后脑向人鞠躬之势也，故又称此为“抱首鞠躬势”。（图 1-137）

直立势，两臂回屈，手抱颈后，两掌掩耳，肘用力后张，上体徐徐前下屈至膝前，然后徐徐起立，闭口舌抵上腭，气沉丹田，使呼吸有节，气自鼻孔出入。

1. 由上一势收势开始。上身直起，两臂向两侧下方分开，继缓缓地举起至臂直。然后，屈肘落掌放在脑后枕骨部位，两个手心护住耳朵，右手指盖在左手指上面，左手指的中指压在脑后的脑户穴上，两前臂呈水平，同时，咬牙，舌舐上腭，头向后上方用力抵，两肘用力向后上方提拔。（图 1-138 ～图 1-140）

图 1-138

图 1-139

图 1-140

2. 低头弯腰，两膝挺直，使头尽量向两膝的中间低垂下去，同时，两掌心将耳孔紧紧盖住，不让闻声，默默数息（数息即数自己的呼吸次数，一呼一吸为一息）。（图 1-141、图 1-142）

3. 上体缓缓抬立而起。（图 1-143）

图 1-141

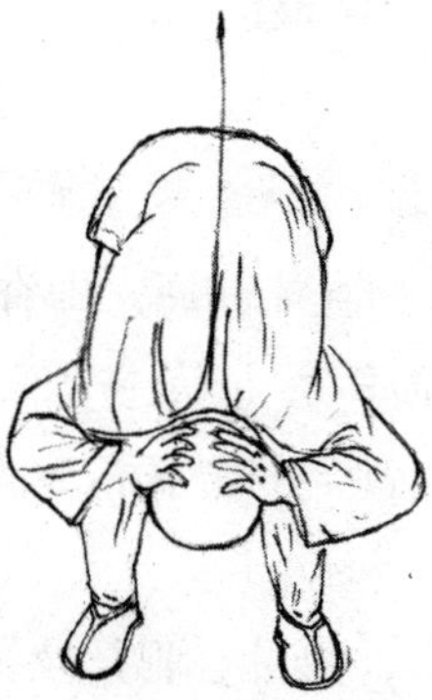
图 1-142

图 1-143

4. 松开抱头的两掌，向上伸臂举起，继左右分展下落抱于腹前，左掌心抱贴住右掌背，小指侧掌缘贴于脐腹，两掌心向上，二目平视。（图 1-144、图 1-145）

图 1-144

图 1-145

要点

1. 练习此势时，最应注意的，即上体前屈时，头宜略微抬起，以免脑充血。

2. 膝盖亦挺直勿屈，手附颈时，两手宜用力向后张，是为扩张胸部。

3. 年老和体弱者可根据自身状况调整前屈的幅度。

效用

1. 此势为腰部及肘关节的锻炼。上体前屈，即脊柱前屈，可激活督脉。

2. 中医认为“督脉为阳经之海”，总管一身阳经之气。通过头、颈、胸、腰、髋，逐节牵引屈伸椎骨，背部的督脉得到充分锻炼，可使全身经气鼓动，阳气充足，身体强健。

3. 改善头部血液循环，有醒脑、明目、聪耳及美颜的效果。同时可改善腰背及下肢的活动功能，强健腰腿，消除脊背紧张。

第十二势　掉尾势

（一）掉尾势

【古诀】

膝直膀伸，推手至地。

瞪目仰头，凝神一志。

【古谱】

伸臂抚足背，尾部高掉起，故名。（图 1-146）

直立势，两臂左右高举，手指相叉，掌心上翻，上体徐徐向前、左、右深屈，伸臂下推，以两手掌着地为止，头略抬起，然后徐徐起立。如此反复，呼吸调匀，心定气静。

此势为十二势正功之终。

图 1–146

1. 由上一势收势开始。双臂经体侧缓缓上举，至头顶上方相合，掌心相贴，然后十指交叉，并翻托成掌心向上。（图 1-147 ～图 1-150）

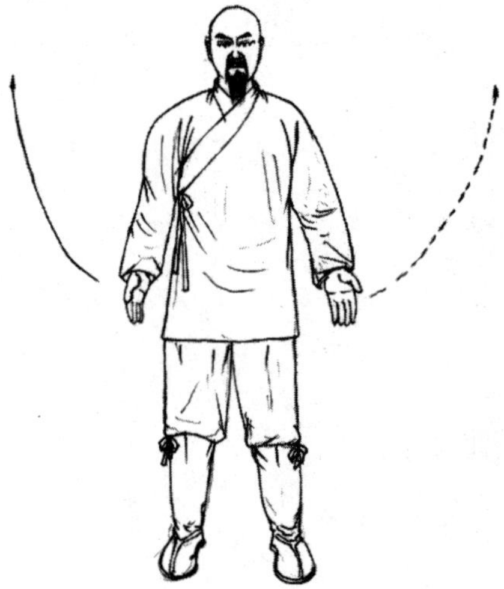

图 1–147

图 1–148

图 1–149

图 1–150

2. 两掌翻转成掌心向下，经面部、沿体中线缓缓向下撑按，上身随之下俯，两膝挺直，至两掌按至膝盖而止。（图 1-151、图 1-152）

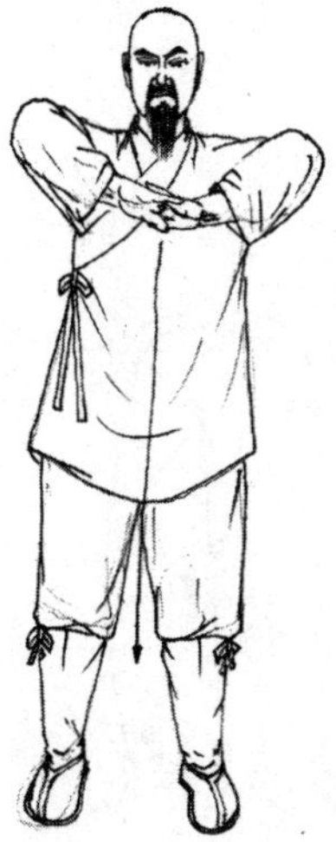

图 1-151

图 1-152

3. 两掌上提，两上臂平抬，上体随之缓缓立起。至两掌提与鼻平时，再向地面按下，挺膝俯身，两掌按至脚踝而止。（图 1-153、图 1-154）

图 1-153

图 1-154

4. 起身收掌，待两掌提与颌平时，再俯身按掌，两膝挺直，两掌一直按贴至地面，这时头要抬起，二目向前看。（图 1-155、图 1-156）

图 1–155

图 1–156

5. 起身，两掌提起，至额前时翻转向上托举。至臂直时，松开十指向左右分开，并下落收于腹前抱掌。两掌一抱，随即分展、上抬于头顶交叉，同时，左旋上身约 90 度。（图 1-157 ～图 1-160）

图 1–157

图 1–158

图 1–159

图 1–160

6. 两掌于额前叉指，掌心向下，沿体左侧俯身下撑，两膝挺直，直至两掌按至左膝盖侧为止，抬头，仰视。（图 1-161、图 1-162）

图 1–161

图 1–162

7. 起身提掌，上体转成正面，两掌上提，目正视前。至面前时，继左转体下俯身，两掌向左脚外侧下按，直至左踝关节，抬头，仰视。（图 1-163、图 1-164）

图 1-163

图 1-164

8. 起身提掌，转身向正面，正视。至两掌提于颌平之际，上体再左旋俯身，两掌下按，直至左脚外侧地面，两腿挺直，两臂撑直，抬头，仰视。（图 1-165、图 1-166）

图 1-165

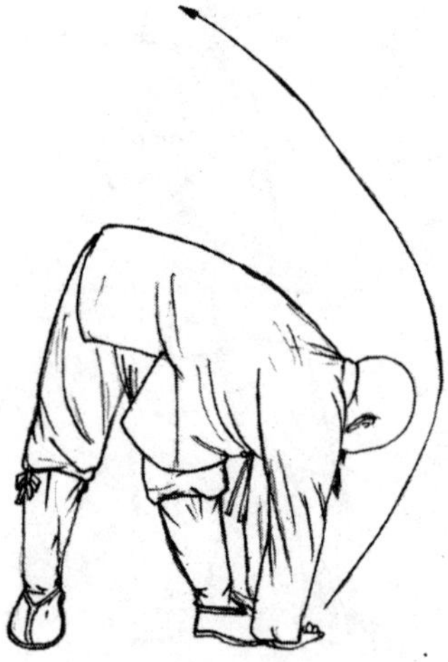

图 1-166

9. 起身，两掌托举。至头顶上方后，松开十指，左右分开、下落于腹前相抱。两掌一抱，随即分开、上举于头顶上方。（图 1-167 ～图 1-170）

图 1-167

图 1-168

图 1-169

图 1-170

10. 两掌叉指翻转，掌心向下按于额前，同时，上体右转约 90 度。然后开始做右势下撑掌，动作与左势相同，唯方向相反。

11. 起身，松开叉指掌，举臂分展、下落收于腹前，左掌心抱贴住右掌背，小指侧掌缘贴于脐腹，两掌心向上。调匀呼吸。（图 1-171、图 1-172）

图 1–171

图 1–172

要点

1. 两臂由左右举起时，臂宜挺直用力。至头上时，即将两手十指相交叉，各以指尖抵住手背，两大臂在两耳之旁，两掌上翻，掌心吐力。

2. 上体前、左、右屈时，两腿宜挺直勿屈，头宜抬起，以免头部充血。

3. 两臂下落，以着地为宜，但初学时不易，日久即成。

效用

1. 此势主要为腰部锻炼。

2. 此势腰部既俯又仰，既扭又转，因此，腰部动作必须柔缓细腻，活动脊柱各个关节，不仅抻筋拔骨，还可转骨拧筋，从而起到强腰壮肾的作用。

3. 所谓“青春与柔脊在”，一条强劲有弹性的脊柱是健美的象征。长期坚持练习，有良好的预防衰老作用。

（二）收功势

【古诀】

起而顿足，二十一次。

左右伸肱，以七为志。

1. 保持掉尾势的收势不变，以两前脚掌为力点，提跟顿足21次。（图1-173、图1-174）

2. 两臂左右平展，有节奏性地向两侧一伸一收，共做7次。（图1-175）

图1–173

图1–174

图1–175

3. 左右手缓缓地由两侧托起，举过自己的头顶前上方，两掌相合。再沿体中线下落，合掌当胸，目光平视。调匀呼吸。（图 1-176 ～图 1-178）

图 1–176

图 1–177

图 1–178

要点

1. 顿足、伸肱的练习次数也可以自行确定，不必拘泥。

2. 顿足时要全身舒松，脚掌弹性，起落有致。

3. 脚跟落下时，咬牙，轻震地面，动作不要过急、过猛。

效用

1. 本势作为站功后收功之法，祛火除滞，活血理气。

2. 顿足主在梳理下肢气血。

3. 伸肱主在梳理上肢气血。

中篇　达摩坐功易筋经

【古诀】

闭目冥心坐，握固静思神。叩齿三十六，两手抱昆仑。
左右鸣天鼓，二十四度闻。微摆撼天柱，赤龙搅水津。
鼓漱三十六，神水满口匀。一口分三咽，龙行虎自奔。
闭气搓手热，背摩后精门。尽此一口气，想火烧脐轮。
左右辘轳转，两脚放舒伸。叉手双虚托，低头攀足频。
以候神水至，再漱再吞津。如此三度毕，神水九次吞。
咽下汩汩响，百脉自调匀。想发火烧身，造化合乾坤。
子后午前作，邪魔不能近。循环次第转，万病化为尘。

第一势　握固静思神

【古诀】

闭目冥心坐，握固静思神。

调息守丹田，虚空净六根。

【古谱】

盘膝而坐，紧闭两目，冥亡心中杂念。凡坐要竖起脊梁，腰不可软弱，身不可倚靠。握固者，握手牢固，可以闭关却邪也。静思者，静息思虑，而存神也。（图 2-1）

图 2–1

1. 盘膝打坐，左腿先盘屈，右腿盘于左腿脚腕外部位，以舒适为宜，这叫做自由盘势（功夫深者也可使用双盘势）。两手握固，放于大腿之上，拳心斜朝上；上身保持正直，竖脊，舌抵上腭，双目垂帘。（图 2-2）

图 2–2

2. 握固，即大拇指叠在掌心，余四指握紧为拳。（图 2-3）

3. 意守丹田，排除杂念，调节呼吸。调息要徐缓、深匀，使气下沉丹田，坚持练习能凝神静气，存神养身。

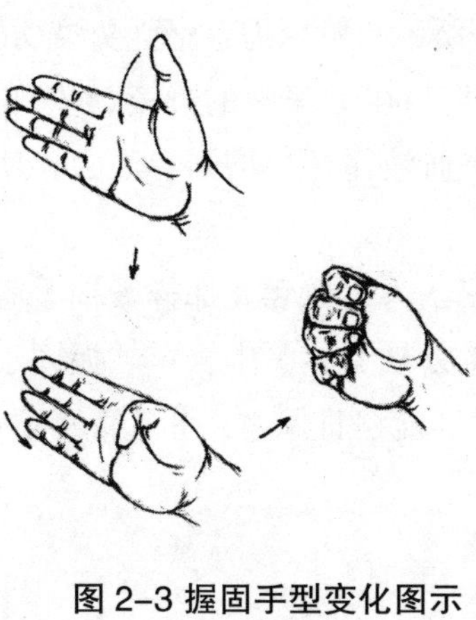

图 2–3 握固手型变化图示

要点

1. 盘坐重心稳定，有利于身体的放松和长时间静坐，而且双足交盘使血液流动大大减缓，减缓生理活动，又增加体腔的静压力，有利于最大限度降低新陈代谢速度，便于入静。

2. 盘坐时脊椎要直。脊椎顺直，气就通顺，气通顺了，心就自然容易安住。由于自然生理弯曲造成的习惯，坐时腰椎易呈后突，应注意纠正。

3. 盘坐时头要中正，不俯仰，不歪斜，下颌微内收（不是低头），这也利于颈椎正直。

4. 盘坐时两肩不要内缩或沉肩躬背，应自然舒张，但不要挺胸。

效用

1. 佛家有说："由戒生定，由定发慧。"静坐有功力时，身体会发生不寻常的变化，妙处难以言表。藉由静坐中的心智松弛，能使一个人定心定性，统整人格与发展灵性，开启一个全新的人生。

当年达摩禅师面壁静坐长达10年之久，把佛宗的哲理领悟到最高境界。佛陀经过重重苦行，终于在菩提树下于极深的静坐中开悟得道。佛教传入中国，佛弟子修成正果，都是以静坐入定为胜。古偈说："得道惭愧人，安坐若龙蟠，见画跏趺坐，魔王亦惊怖。"

2. 科学研究表明，静坐时人的心率降低，呼吸减缓，脑电波平稳，肌肉放松，基础代谢率明显下降，耗氧量减少，血乳酸降低，肾上腺素和其他紧张激素下降，细胞代谢变缓，疏解压力，增强免疫功能明显。

3. 盘膝坐法，很像胎儿在母腹中的静姿，安详而宁谧。可强壮神经系统，调理阴阳平衡，促进血液循环，增强专注力，使身心平和稳定而利于养生。

4. 握固，古代养生家认为，像婴儿那样紧握手心，可以固守元气，有助于练功时的思想宁静。《云笈七签》中云："握固于魂魄，安门户也，此固精明目，留年还魂之法，若能终日握之，邪气百毒不得入。"

第二势　叩齿抱昆仑

【古诀】

叩齿三十六，两手抱昆仑。

劳宫掩耳门，鼻息九次匀。

【古谱】

上下牙齿相叩作响，宜36声。叩齿以集身内之神，使不散也。昆仑即头，以两手十指相叉，抱住后颈，即用两手掌紧掩耳门，暗记鼻息9次，微微呼吸，不宜有声。（图2-4）

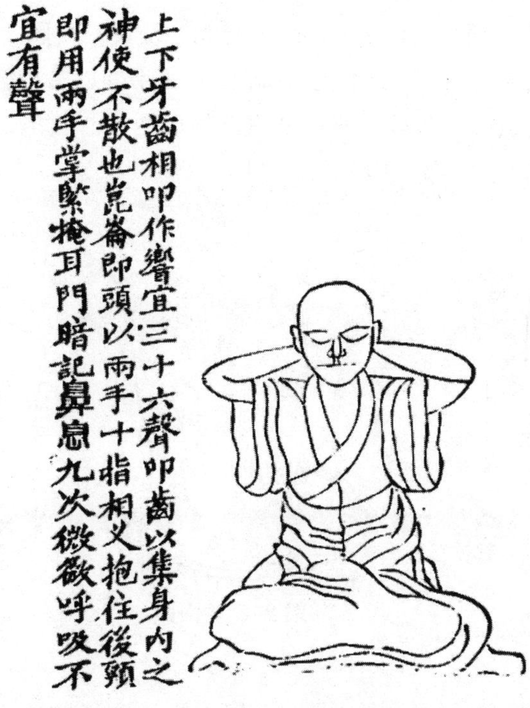

图2–4

1. 左掌抱右掌，虎口呈圆，两拇指尖相接触，抱于腹前。然后，嘴唇相抿，上下牙齿相叩（即上牙打下牙）作响 36 次。（图 2-5、图 2-6）

图 2-5

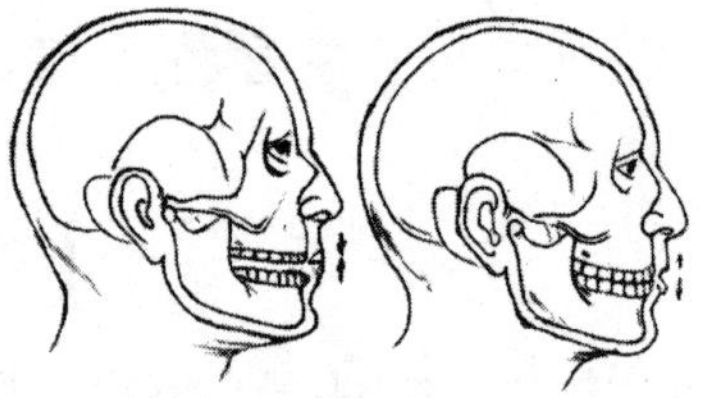

图 2-6　叩齿内景图示

2. 叩齿完毕，两手上抱于后脑，十指相互交叉。（图 2-7、图 2-8）

3. 两手抱住后脑向前猛地一扳，即松开两手，以掌心劳宫穴对两耳孔捂住；然后，静静调息，鼻呼鼻吸共 9 次。随后两掌心猛地松开，有如吸出耳孔中的气一样，一按一吸共做 9 次。（图 2-9）

图 2-7

图 2-8 背面图

图 2-9

要点

1. 叩齿时精神要集中，目光内含，意念与叩齿相合。

2. 叩齿中一旦出现唾液时，就将其吞咽下去。

3. 双手叉指抱住的是后脑玉枕部位，所谓的昆仑，就是头部。

效用

1. 叩齿是长寿老人的长寿奥秘之一，就是保护好牙齿。我国历代医学家和气功学家在预防牙病方面积累了丰富的经验，并在古籍医书中作了详细记载。现代医学认为：叩齿能促进牙齿周围组织及牙髓腔部位的血液循环，增加牙齿的营养供应，故能强壮牙齿，从而减少龋齿等牙病的发生。若坚持经常叩齿，面颊部还不易塌陷，且咀嚼有力，牙齿也不易松动、脱落。

2. 叩齿时对大脑也有轻度的刺激作用，对提高听力，预防耳鸣都有一定作用。

3. 两手扳后脑可以祛除头风；劳宫掩耳孔，可以防止耳聋及耳鸣等症。

第三势　左右鸣天鼓

【古诀】

左右鸣天鼓，二十四度闻。

法毕手握固，聪耳亦安神。

【古谱】

鼻息出入各9次毕，即放所叉之手，移两手掌擦耳。以第二指叠在中指上，作力放下第二指重弹脑后，要如击鼓之声，左右各24次。两手同弹共48声，仍放手握固。（图2-10）

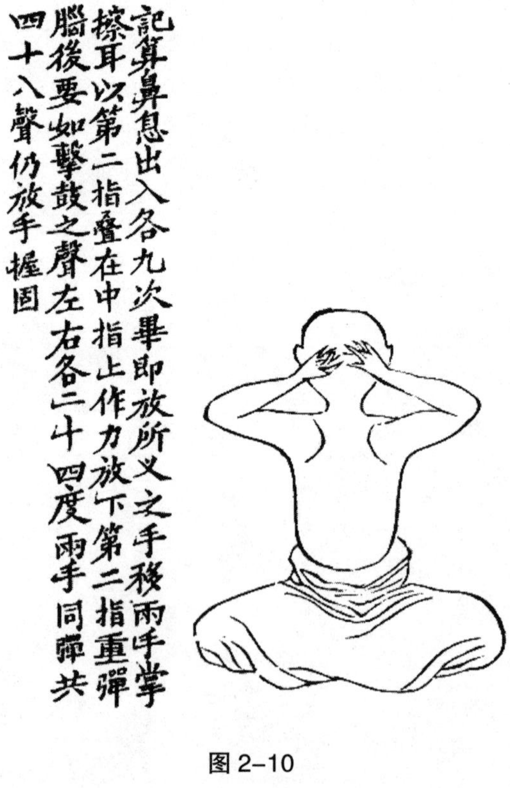

图2-10

1. 上势毕，呼吸 9 次。两掌相贴搓热后，抬起两手掌掩住两耳，以手心劳宫穴对耳眼，中指按住后脑玉枕部位，食指叠于中指之上。（图 2-11）

2. 随即，食指用力弹下，敲在后脑上，状如击鼓（此即养生术语之“鸣天鼓”），左右指同时弹击 24 次。（图 2-12）

3. 然后，放下双手于丹田前，两手成握固势，静心调息。（图 2-13）

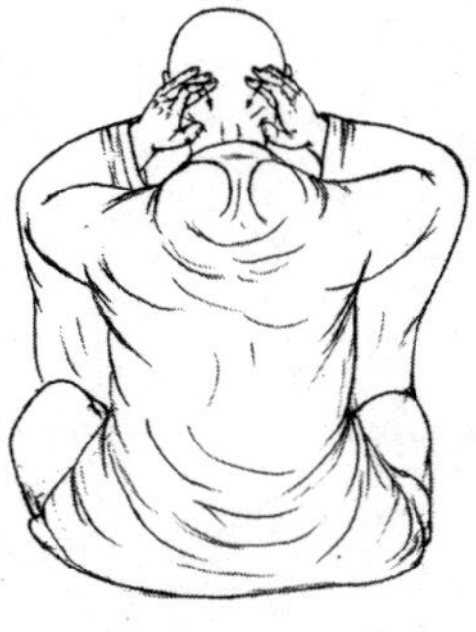

图 2–11

图 2–12

图 2–13

要点

1. 开窗通气。

2. 要循序渐进。

3. 呼吸尽量缓慢、均匀。

4. 吐气时要尽量配合收腹，气要吐净。

5. 眼要微闭。

效用

1. 预防和治疗眩晕、耳鸣、耳聋、内耳疾病等。

2. 睡前鸣天鼓有助改善睡眠状况。肾虚患者常表现为精神萎靡不振、睡眠不好，每天睡前鸣天鼓不仅能养神安神，还能促进睡眠，尤其对老年肾虚失眠更为有效。

3. 因为双耳通过听神经、前庭神经直通大脑，鼓膜震荡耳窍自通，可以改善听觉功能，预防耳疾和治疗鼓膜内陷症。

4. 头后枕部，有督脉、足太阳、足少阳经通过，颅内是小脑之所在，故轻击可清醒头脑，增强视力和记忆力，特别是早起或疲劳之后击之，效果更为明显。

第四势 微摆撼天柱

【古诀】

两手相握紧，微摆撼天柱。

摆动须灵活，如安有滚珠。

【古谱】

天柱即后颈。低头扭颈，向左右侧视，肩亦随之左右招摆，各 24 次。（图 2-14）

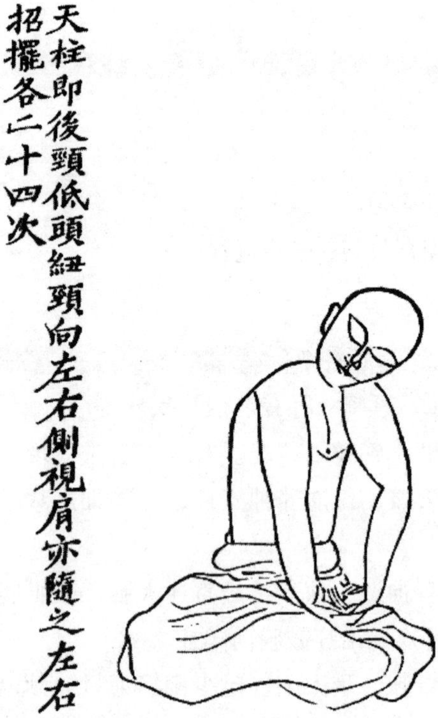

图 2–14

1. 两掌心相贴，虎口相叉，左拇指按住右手合谷穴，右拇指按住左掌鱼际；两手相握，左掌在下，右掌在上，停于脘腹之前，一紧一松练习 24 次。（图 2-15、图 2-16）

图 2–15

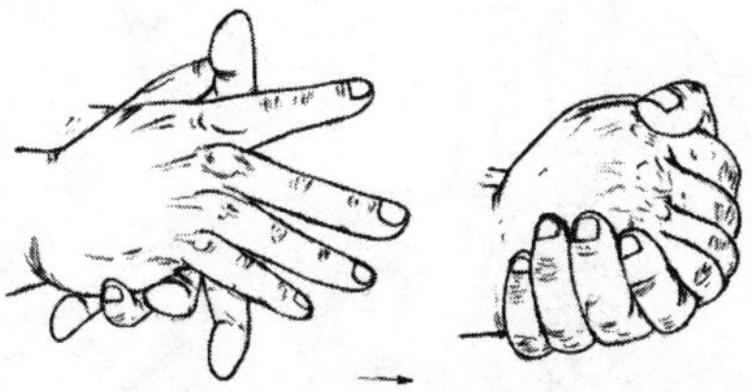

图 2–16 手型松握图示

2. 然后，二目微开，两手相握，头部缓缓向左转动，颈部缓缓亦向左扭转，肩也随之，二目用力瞧向左侧及左侧后方。（图 2-17）

3. 接着，头部带动颈部恢复原位之际，继续朝右侧方转动，要领与左转相同。（图 2-18）

图 2–17

图 2–18

按上述方法左右转动各 24 次。凡头扭向哪一边，则眼睛就注视哪一边。实际上是先扭头，带动颈部、脊柱从上向下逐渐扭动。

4. 又做两掌相握的紧、松动作 24 次；然后握紧，以肩关节为轴，先由后向前转动肩部 24 次；继由前向后转肩 24 次。（图 2-19 ～图 2-21）

图 2-19

图 2-20

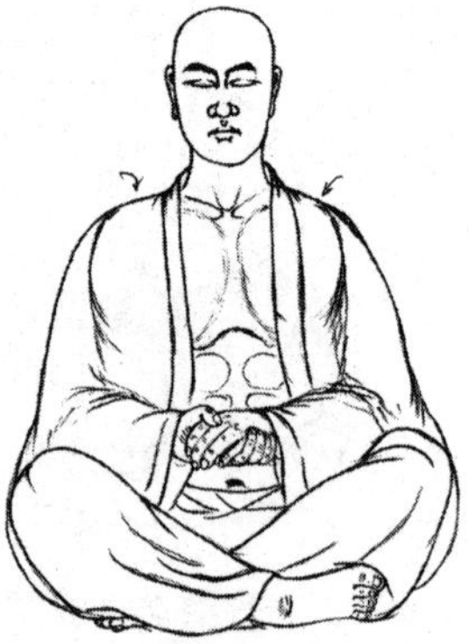

图 2-21

要点

1. 转头时动作要缓慢，全身放松，意念集中于转头动作上。

2. 头、颈、肩、脊柱，要连成一线贯穿势的摆动，恰如九曲珠一般。

3. 目随同转到定位时，要用力瞪一下，即有炯目提神之意。

4. 转动肩关节时，不论是向前转或向后转，都要使肩部画一圆弧，背肌和胸肌随之扩张或收缩。

效用

1. 天柱就是颈后部，颈椎统称“天柱骨”。转动颈椎，可以刺激督脉，激活神经中枢的功能。

2. 肩部的转动，不但能防治肩周炎、风湿关节炎，同时对胸腔的按摩，还可使人体上、中焦舒畅，对心、肺、肝、脾等脏腑机能产生保健作用。

第五势　搅海漱咽津

【古诀】

赤龙搅水津，鼓漱三十六。

神水满口匀，一口分三咽。

龙行虎自奔，以意送脐轮。

【古谱】

赤龙即舌，以舌顶上腭，又搅满口内上下两旁，使水津自生，鼓漱于口中 36 次。神水即津液，分作 3 次，要汩汩有声，吞下；心暗想、目暗看所吞津液，直送至脐下丹田。龙即津，虎即气，津下去，气自随之。（图 2-22）

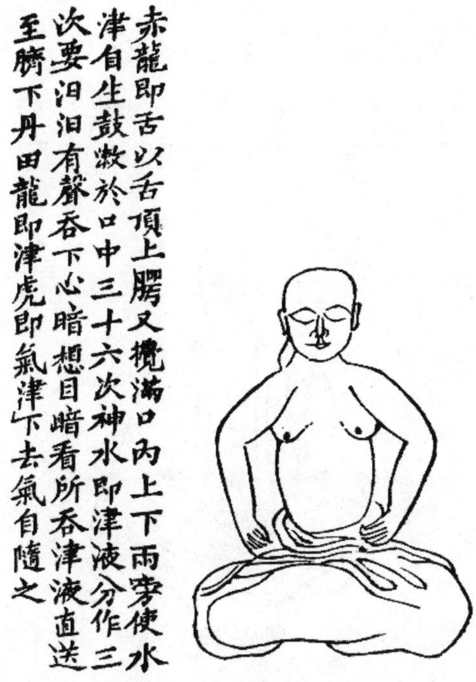

图 2-22

1. 静心瞑目盘坐，两手抱太极印（左掌抱贴右掌指背，虎口撑圆，两拇指尖相接，手心向上）于小腹（丹田）前；用舌头在口中齿龈内外、上下左右徐徐搅动，顺时针 18 次，逆时针 18 次，使口腔内口水（即津液）逐渐增多。（图 2-23 ～图 2-25）

图 2-23

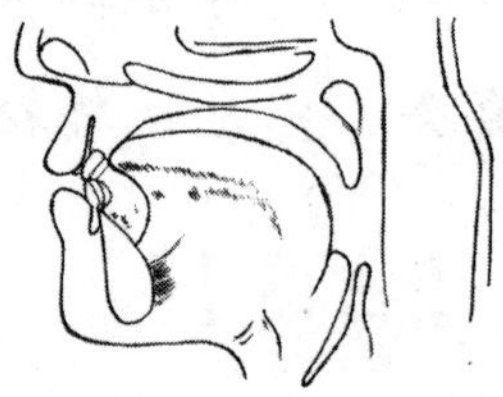

图 2-24 舌在口内搅动图示

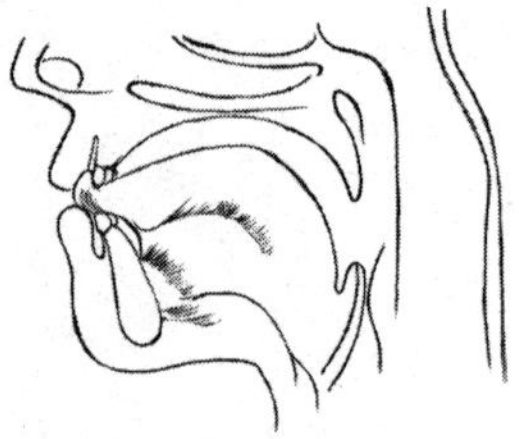

图 2-25 舌在齿龈搅动内景图示

2. 然后，将口水在口中鼓漱（好像口中含水漱口一样）36 次。（图 2-26）

3. 将口中的口水鼓漱满口合匀后，分作 3 次咽下，吞咽时，有如吞咽食物，喉间要汩汩有声，意想一口吞至丹田之中。

图 2-26

要点

1. 术语须知：①赤龙，即舌；②神水，即津液（舌在口中搅动出的口水）；③龙，即津液；④虎，即气。

2. 舌在口中的搅动要柔缓，特别是内外齿龈要搅遍。

3. 鼓漱时要自然，而且要在口水满口时进行。

4. 吞咽时要精神集中，双目闭合内视（意想法），意想将口水（此时的口水称之为神水，术语中又称为金津玉液或香津甜液）直送入下丹田中，又称此为送药入鼎炉。

效用

1. 健脾：脾胃为“后天之本，气血生化之源”，“百病皆由脾胃衰而生也”。（李东垣《脾胃论·脾胃盛衰论》）脾“在液为涎”与胃相表里，涎为口津是唾液中较清稀的部分，具有帮助食物消化的功能。舌搅口腔催生唾液，咽之有助于胃“腐熟水谷”（饮食物）和脾的“运化、升清”（把水谷化为精微物质并将之“灌溉四旁”、布散全身），减轻脾胃的负担，达到保健脾胃的目的。

2. 补肾：肾为“先天之本”，生命之源。肾“在液为唾”，唾为口津是唾液中较稠厚的部分，搅海鼓漱催生唾液，是谓“金津”，又称“玉液”，“津”通于“精”，为肾精所化，咽而不吐，有滋养肾中精气的作用，故可健肾。

3. 美颜荣发：搅海鼓漱可活动面肌，加强面部血液循环，改善面肤的营养，进而美颜。发的生长赖于精血，精血充盈，则发长而光泽；精血虚衰，则发白而脱落。肾藏精，“其华在发”，吞津可使肾精充盈而荣发。

4. 聪耳明目：《灵枢·脉度》说：“肾气通于耳，肾和则耳能闻五音矣。”肾中精气充盈，髓海得养则耳聪；肾中精气虚衰，髓海失养则耳鸣甚或耳聋。又“肾受五脏六腑之精而藏之”（《素问·上古天真论》），“五脏六腑之精气，皆上注于目”（《灵枢·大惑论》），精气充盈则目能辨五色。鼓漱吞津能充盈肾精，故可聪耳明目。

第六势 闭气摩精门

【古诀】

闭气手搓热，背摩后精门。

三阳经脉行，肾充返童贞。

【古谱】

以鼻吸气，闭之。用两掌相握擦极热，急分两手摩后腰上两边，一面徐徐放气从鼻出。精门，即后腰两边软处，以两手摩26遍，仍收手握固。（图2-27）

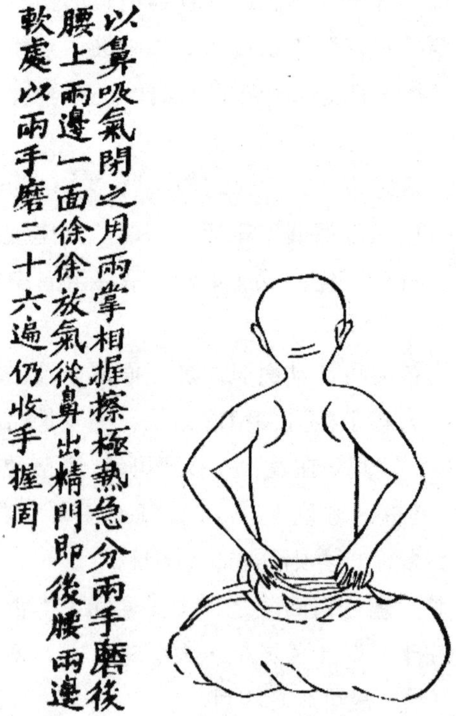

图2-27

1. 盘坐姿势不变，吸气一口，停闭不呼出，两手互搓至发热。（图 2-28、图 2-29）

图 2-28

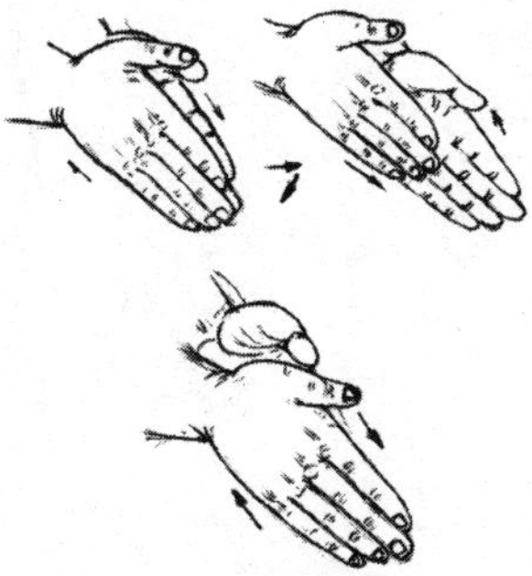

图 2-29 搓手图示

2. 待两掌热似火烫之际，急分开将掌心按住后腰，左右各四指尖相对按于脊沟，掌心按于腰两侧的肾俞穴（精门）部位，进行上下摩擦；一面摩擦一面将搓手时所闭之气徐徐呼出，反复练 26 次。（图 2-30、图 2-31）

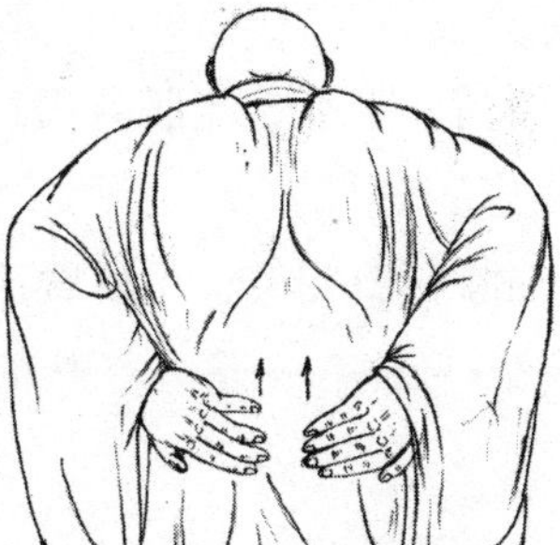

图 2-30

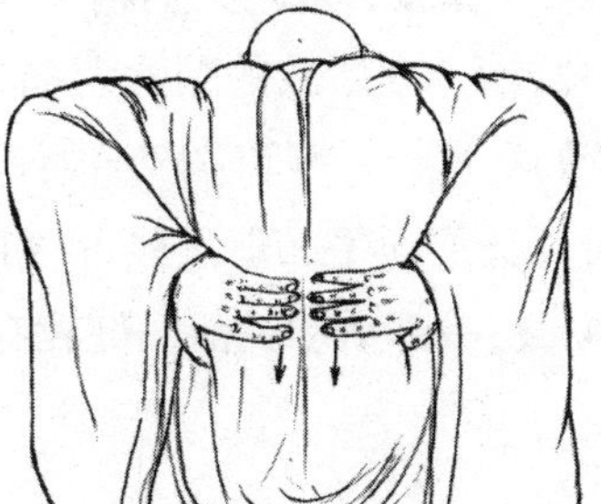

图 2-31

3. 做完后收手握固，静心调息。（图 2-32）

图 2–32

要点

1. 搓掌时闭住的气，一直要到摩擦后腰时才能徐徐呼出。

2. 摩擦后腰时，两手的四指肚要随掌的上下移动而按摩脊沟，力度要使腰部有一种酸胀舒适感。

3. 腰部按摩用力宜稍强，力度不够其作用不能深达组织，但亦不能用蛮力，力度应自然贯彻于手，以意引力达到深部组织，并以自适为度。

效用

1. 经常按摩腰部能培元固精，补肾壮腰。

2. 对防治肾虚所致的腰酸背痛、阳痿、遗精、带下、腰肌劳损、腰椎骨质增生及妇女月经不调和盆腔脏器疾患效果较好。

3. 可以舒筋通络，促进腰部气血循环，消除腰肌疲劳，缓解腰肌痉挛与腰部疼痛，使腰部活动灵活、健壮有力。

第七势　想火烧脐轮

【古诀】

尽此一口气，想火烧脐轮。

意想体氤氲，呼吸自调匀。

【古谱】

闭口鼻之气，以心暗想运心头之火下烧丹田，觉似有热，仍放气从鼻出。脐轮即丹田。（图 2-33）

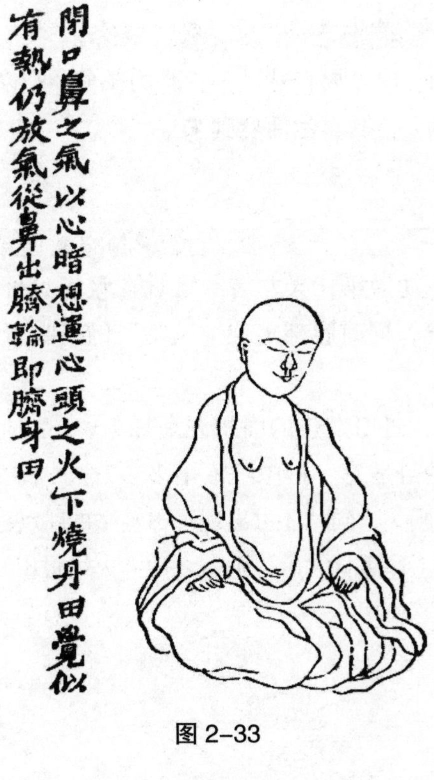

图 2-33

1. 右手抱住左手背，拇指按住左掌心，左手拇指按于右手虎口处，抱于丹田前。（图 2-34）

2. 先闭住呼吸，意守丹田，想此有热（即火烧脐轮）。等丹田发热了，以鼻呼出，并调匀气息，此时周身气脉顺畅，体感温暖舒适。

图 2-34

要点

1. 全身舒松，闭气时，要自然，不得强力憋气，以免出偏。

2. 不要强求热感，待其自然而然到来。

3. 调息柔和自然。

效用

1. 90%的人在练功后第10天左右，自觉在吸气时丹田有轻微的发热感，发热的部位因人而异，同时腹部出现“咕咕”的肠鸣音，矢气（从肛门排出的气）增多。

2. 练习1个月后，丹田发热的面积逐渐加大；2个月后丹田发热似温水流动样，全身有温暖的舒适感，口中唾液增多；3个月后气力大增，丹田热感更甚（与病态的燥热不同），同时还可出现丹田轻微的跳动感。部分练功者丹田还可出现气团感。出现上述感觉之后，则称之为“火烧丹田”，这是初具丹田内功的重要标志。

第八势　左右辘轳转

【古诀】

左右辘轳转，分为单双关。

屈臂如绞车，经络气血宽。

【古谱】

屈弯两手，先以左手连肩圆转 36 次，如绞车一般；右手亦如之。此单转辘轳法。（图 2-35）

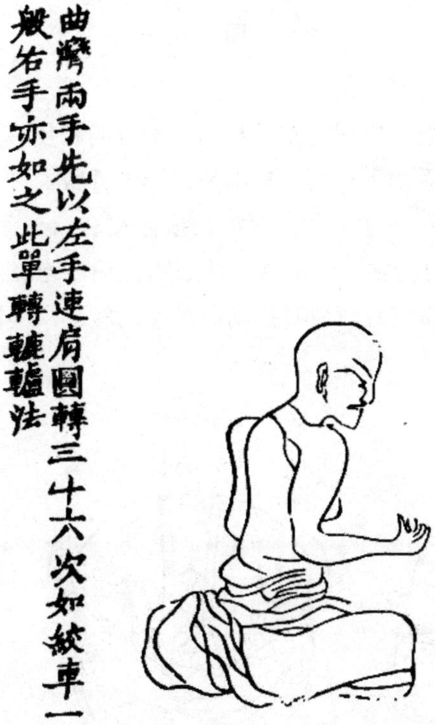

图 2-35

1. 承接上势的火烧脐轮，待丹田火热后，随吸气火力益增，丹田发热。（图2-36）

2. 右掌按住丹田部位，左臂弯曲反掌按住腰背的肾俞穴部位；上身前俯，左臂以肩为轴，肘部顺时针划圆转动，连肩圆转（似摇辘轳状）36 次，再逆时针 36 次。摇动时，左掌随肩肘摇动而揉摩腰背部。（图 2-37、图 2-38）

图 2-36

图 2-37

图 2-38

3. 再以右臂行之，方法与左手相同，唯方向相反。

4. 功毕，收两手抱于小腹（丹田），调匀呼吸。（图 2-39）

5. 两手同时后移按住后腰，两拇指按住左右髂骨，似叉腰状；然后，头部微向前俯，以两肩为轴，肘部顺时针划圆转动，连肩圆转 36 次，继逆时针 36 次。摇转时，两掌同时随肩肘摇动而揉摩两腰部。（图 2-40 ～图 2-42）

图 2-39

图 2-40

图 2-41

6. 收两手抱于小腹前，放松身体，调匀呼吸。（图 2-43）

图 2-42

图 2-43

要点

1. 以肘带肩的圆转要自然顺畅，不可有僵滞的现象；掌按后腰的力度要恰当，随肩肘摇动而有节奏地按摩肾俞穴部位。

2. 单关与双关均要做完顺逆的转动；转动时，精神专一，意不外驰，呼吸自然，不要刻意地停闭，只要保持鼻息顺畅，均匀细长即可。

效用

1. 人的肢体关节，本来就是用来运动的，人的经脉荣卫，是必须让它通畅和顺的。辘轳转，即有“户枢不蠹”之效。

2. 人的气血精神与人的生命为一体并用来保护生命；人体内的经脉，是用来让气血运行的。辘轳转即周行气血，疏通经络之法。

3. 随肩肘的转动，两掌对腰部的按摩，刺激肾功能的活跃，而使肾精滋生，达到增元壮阳之效。

第九势　叉手双虚托

【古诀】

两脚放舒伸，叉手双虚托。

一托一按顶，九次三焦络。

【古谱】

放所盘两脚，平伸向前，两手指相叉，反掌向上。先按所叉之手于头顶，作力上托，要如重石在手托上，腰身俱着力上耸。手托上一次又放下，按手头顶，又托上，共9次。（图2-44）

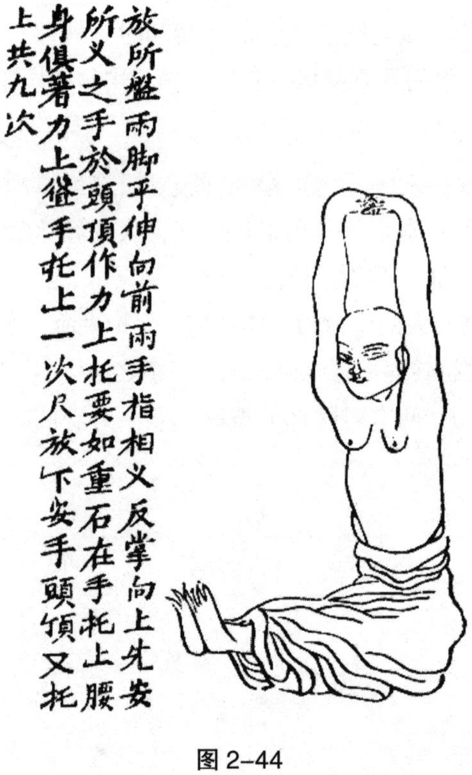

图2–44

1. 全身放松，呵气 6 次，以散邪火。然后，两脚自然前伸，膝盖伸直，脚尖上跷，左掌抱住右掌背，右掌心按住下丹田，两手虎口向上；垂帘合唇，进行调息，鼻呼鼻吸 36 次。（图 2-45）

2. 两掌按于两膝盖上，作上身缓缓前俯，一起一伏 9 次。（图 2-46、图 2-47）

图 2-45

图 2-46

图 2-47

3. 两手收至腹前，手心朝上，两手相互叉指上收，至上胸近下巴时，两掌外翻成掌心向前，继向上托举。托时要用力，好似向上托举重物一般，至臂直时，仰面，目注掌背。（图 2-48 ～图 2-50）

图 2-48

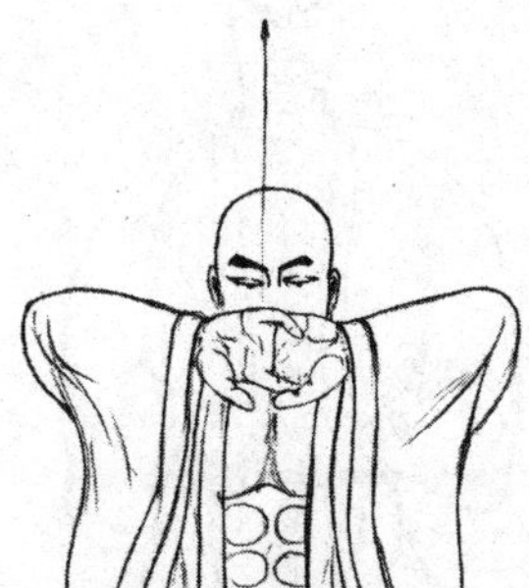

图 2-49

图 2-50

4. 略停，翻转成掌心向下，缓缓下收按住头顶。继上托举，连续上托下按 9 次。（图 2-51、图 2-52）

图 2-51

图 2-52

5. 行完 9 次后，放下双手收抱于丹田前（右掌在内，左掌按住右掌背），鼻呼鼻吸调息 12 次。（图 2-53）

图 2-53

要点

1. 动作开始之前，首先上体姿势要端正，为贯通经络做准备，百会穴对会阴穴，全身放松。

2. 双手交叠在丹田前，两手与肚脐形成一个三角，就可将气机收在下丹田。两手合抱于腹前时，不要抱得太高，如果手抱得太高，气容易往上冲，于练功不利。

3. 托举时最关键的一点是，掌根一定要向顶门上撑，这样才能打开手臂上的阴经，才能抻拉整个后背俞穴。

4. 手臂上举时，注意要用两臂贴住耳朵，因为三焦也是走耳部的。年纪大的人手臂上举时可慢一些，根据自己身体的情况调整上举的高度。

5. 两掌上举到最高点的时候，要稍微定住，屏息一会儿。屏息可让气机在五脏六腑之中鼓荡一圈，即“内按摩”，用气机按摩五脏六腑。

6. 双臂上举时有一个夹脊的动作，对活动背后的膏肓穴很有好处，可舒缓背部的疲劳感。

效用

1. 锻炼手臂诸关节周围的肌肉、韧带及关节软组织，对增强手臂力量，防治肩部疾患，防治颈椎病等具有良好的作用。

2. 通过两手上托，缓慢用力，保持抻拉，可使三焦通畅，气血调和。

3. 此势除充分伸展肢体和调理三焦外，对腰背痛、背肌僵硬、颈椎病、眼疾、便秘、痔疮、腿部脉管炎、扁平足等有一定的防治作用。

4. 此势还是舒胸、消食通便、固精补肾、强壮筋骨、解除疲劳等的极佳方法。用以预防或治疗脉管炎时，要取高抬脚跟的做法，每次要反复练习。

5. 两臂上举并屏息，除了按摩内脏，也可锻炼人体的膈肌。经常锻炼膈肌，可延缓衰老。人体衰老的一个明显的表现，就是越来越容易气喘。比如，稍微走一下楼梯就累得气喘吁吁的，这其实是膈肌无力的表现，不能“气沉丹田”。要想让气沉到丹田，膈肌的力量必须大。膈肌的力量大了，全身的气机就足，身体就健康而有活力。

第十势　低头攀足频

【古诀】

低头攀足频，屈伸专致柔。

起伏固肾腰，返老还童求。

【古谱】

以两手向所伸两脚底作力扳之，头低如礼拜状 12 次，收足盘坐，收手握固。（图 2-54）

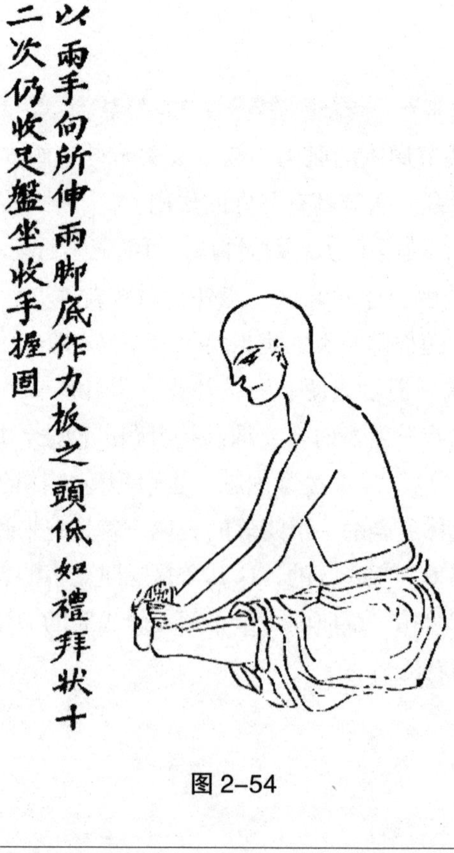

图 2-54

1. 两掌按于大腿近膝处，低头，上身前俯，缓缓向前压动，使两膝部韧带有酸胀感即可，练习 12 次。（图 2-55）

2. 两手向前伸，手指攀住两足掌，用力后扳，同时，倾身俯腰，使头缓缓向前伸俯，直至头抵贴住手背；继缓缓还原。反复做 12 次。（图 2-56 ～图 2-58）

图 2-55

图 2-56

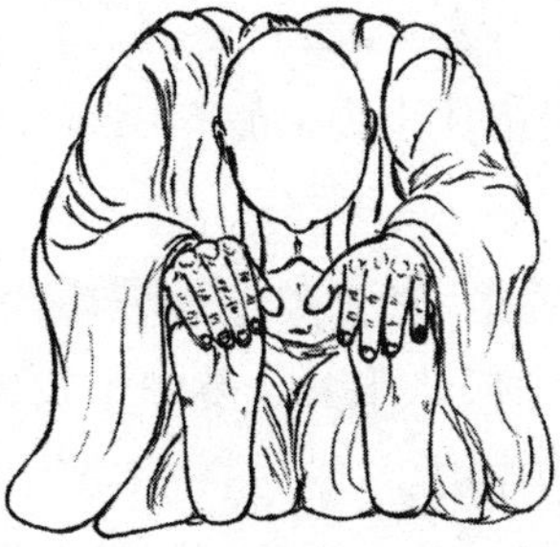

图 2-57

图 2-58

3. 练完后，收腿盘膝而坐，两手握固于小腹（丹田）前。（图 2-59）

图 2-59

要点

1. 脊柱卷曲要像卷地毯。前俯时从颈椎、胸椎、腰椎、骶椎、尾椎一节一节从上往下弯曲，好像卷地毯一样从上往下卷，细心体会脊柱每节椎骨松开弯曲的感觉；立起上身时从下往上，将尾椎、骶椎、腰椎、胸椎、颈椎一节一节由弯曲而竖直，细心体会每节椎骨由弯曲而变竖直的感觉，直立后体会整个脊柱贯通一气的感觉。

2. 要保证在两膝伸直情况下，俯身前屈，这样才能充分的刺激脊柱、督脉，以及命门、阳关、委中等穴位。在身体充分前屈中，两掌尽力向前伸攀，如果由于腿部柔韧原因，不能攀住脚时，可将掌尽量前伸，切不可弯曲膝关节。锻炼得法，会感到腰部温暖发热，整条脊柱轻松通畅而阳气充沛。

3. 一动一呼吸，动作和呼吸要巧妙结合。开始时可以自然呼吸，练至熟练后，上身前俯时可配合呼气，直立时吸气，整个动作配合呼吸缓慢柔和。

4. 本势动作越慢越好，最好能体会到脊柱一节一节慢慢卷的感觉，一分钟6次为妙。质量比数量重要得多。

5. 收功很重要，上体直立，气沉丹田，两手抱住小腹，静养片刻。

效用

1. 通过前屈后伸可刺激脊柱、督脉，以及命门、阳关、委中等穴，有助于防治生殖泌尿系统的慢性病，达到固肾壮腰的作用。

2. 通过脊柱大幅度地前屈后伸，有效发展躯干前、后伸屈脊柱肌群的力量与灵活性，同时对腰部的肾、肾上腺、输尿管等器官有良好的牵伸和按摩作用。

3. 腰是全身运动的关键部位，这一势主要运动腰部，也可加强腹部各内脏器官的活动。长期坚持锻炼，有疏通带脉及任督二脉的作用，能强腰、壮肾、醒脑、明目，并使腰腹肌得到锻炼和加强。

第十一势　神水九次吞

【古诀】

以候神水至，再漱再吞咽。

如此三度毕，神水九次吞。

咽下汩汩响，百脉自调匀。

【古谱】

再用舌搅口内，以候神水满口，再鼓漱 36 次，连前一度，此再两度，共 3 度毕。前一度作 3 次吞，此两度作 6 次吞，共 9 次吞，如前咽下，要汩汩响声。咽津 3 度，百脉自周遍调匀。（图 2-60）

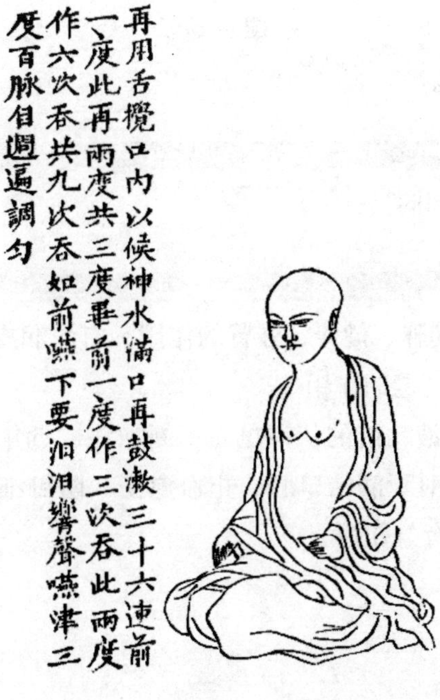

图 2–60

1. 静心盘坐，两手握固于丹田前；用舌头在口中齿龈内外、上下、左右徐徐搅动，顺时针 18 次，逆时针 18 次，使口腔内口水（即津液）逐渐增多。（图 2-61）

2. 将口水在口中鼓漱（好像口中含水漱口一样）36 次。（图 2-62）

3. 将口中的口水鼓漱满口合匀后，分 3 次咽下，吞咽时，有如吞咽食物，喉间要汩汩有声，意想一口吞至丹田之中。鼓漱 36 次为一度，接连做 3 度，即吞咽了 9 次。（图 2-63）

图 2-61

图 2-62

图 2-63

要点

与前面的第五势相同。

效用

1.有灌溉脏腑、利脾、健胃、强肾的作用，有滋润皮肤、毛发的功能，还有增强抗病能力和防衰老的作用。

2. 现代医学对唾液功能的认识也在不断加深，近年来发现唾液含有大量化学物质，这些物质对于润洁口腔，止血愈伤，防御细菌，帮助消化，促进生长发育，都能起到有益作用。

第十二势　想发火烧身

【古诀】

想发火烧身，造化合乾坤。

子后午前作，邪魔不能近。

循环次第转，万病化为尘。

【古谱】

心想脐下丹田中似有热气如火，闭气如忍大便状，将热气运至谷道，即大便处，升上腰间、背脊、后颈、脑后、头顶止。又闭气从额上、两太阳、耳根前、两面颊，降至喉下、心窝、肚脐下丹田止。想是发火烧，通身皆热。（图 2-64）

图 2-64

两手抱于丹田，全身放松，调息静坐，意守下丹田；在丹田有热感而内气充足时，一股热流自丹田往会阴冲流之际，即用意念引导之，经会阴，过尾闾，然后沿背脊上行至大椎，继上行至玉枕，直达头顶，再经印堂，后用舌接入任脉，沿任脉下行，经膻中，过鸠尾（前正中线上，胸骨剑突下凹陷处），直达丹田。（图 2-65）

图 2–65

要点

1. 练功须循序渐进，在内气不充足的情况下，不要刻意强力导引。初练时只能用意念跟随着它自行流转，亦步亦趋，顺应自然，半点也不能勉强和急躁。

2. 火候到时，内气充满，不须任何意念导引，任督二脉即可自行打通，即所谓“气满督自开”。

效用

小周天一通，坎离相交、水火既济而阴阳调和，于是先天元气生发更盛。而真息自然冲融，流注全身，油然而上腾，勃然而下降。其气机之熏蒸，其躯体之恬适，其个中之妙味，难以言语来形容。

下篇　达摩卧功易筋经

【总诀】

十二秘图佛来教，两手卧势把腹操。

轻重适度慢慢练，脏腑强健效果好。

易经易筋易内膜，伐毛洗髓功夫高。

【古谱】

天地本乎阴阳，阴阳主乎动静，人身一阴阳也，阴阳一动静也，动静合宜，气血和畅，百病不生，乃得尽其天年。如为情欲所牵，永违动静。过动伤阴，阳必偏胜；过静伤阳，阴必偏胜。且阴伤而阳无所成，阳亦伤也；阳伤而阴无所生，阴亦伤也。既伤矣，生生变化之机已塞，非用法以导之，则生化之源无由启也。

卧势揉摩操腹，乃佛传易筋、易经秘功，以动化静，以静运动，合乎阴阳，顺乎五行，发其生机，神其变化。故能通和上下，分理阴阳，去旧生新，充实五脏，驱外感之诸邪，消内生之百症。补不足，泻有余，消长之道，妙应无穷，何须借药烧丹，自有却病延年之实效。

第一势　三才安心

【古诀】

三才安心，天地人和。

揉运心窝，心安神乐。

【古谱】

以两手中三指，由心窝向左顺揉、团转21次。右逆亦团转21次。（图3-1）

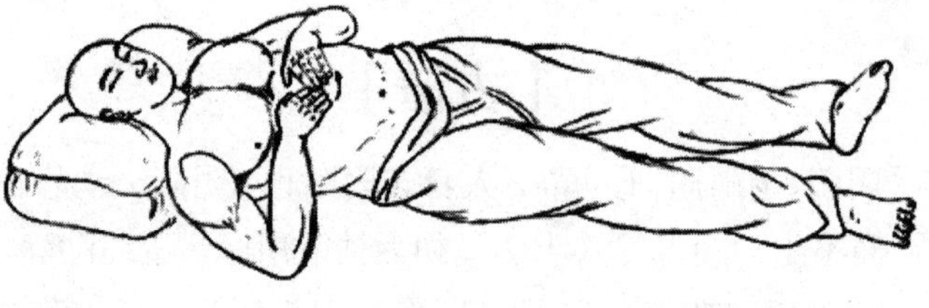

图3–1

在保暖的前提下，脱衣松裤，正身仰卧在床上，头部可枕在矮枕上，舌抵上腭，调匀呼吸，全身放松，凝神静虑。两手缓缓上提，在胸前两手各用中三指（食指、中指、无名指）对接，并按在心窝部位（即胸骨中下柔软的部位，俗称心口），由右、上、左到下，按顺、逆时针方向做圆周运动，各揉摩21圈。

第二势　游走中原

【古诀】

任脉一线，古喻中原。

轻揉和顺，祛疾身宽。

【古谱】

以两手中三指由心窝顺揉而下，且揉且走，至脐下高骨为度。（图 3-2）

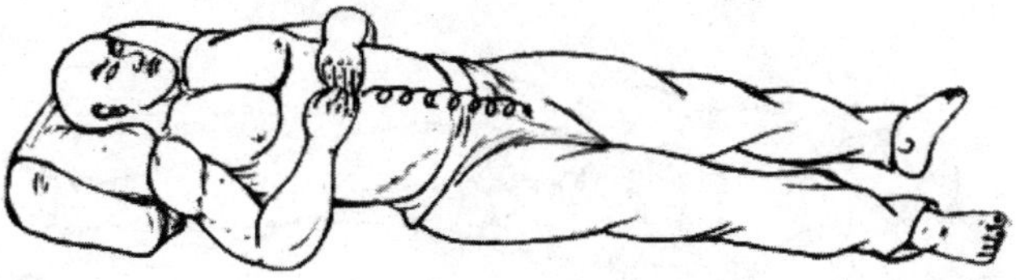

图 3-2

两手均以中三指，由心窝顺摩而下，即一边顺时针转动揉摩，一边往下移，一直摩转而下，移至脐下耻骨联合处（即小腹下部毛际处）。再由耻骨一边揉摩，一边向上走，回到心窝处。如此循环各做 21 次。

第三势　逆运两厢

【古诀】

肋胁两厢，逆运而上。

平息不和，生机通畅。

【古谱】

以两手中三指由高骨处向两边分揉而上，且揉且走，至心窝两手交接处为度。（图 3-3）

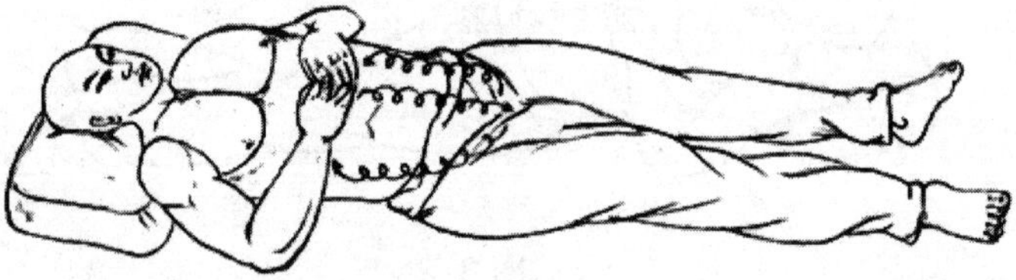

图 3–3

两手均以中三指从心口（即胃脘部）中央轻轻地边摩边转，直至耻骨而分开，沿腹侧逆运而上，直至心窝，两手相交于胃脘。一下一上为 1 次，共练 21 次。

第四势　分走裆心

【古诀】

裆前胯根，软肋腹筋。

揉有定数，宗筋坚劲。

【古谱】

两手中三指按于胯根，且揉且走，分肋而上，合于心窝高骨，往返 21 度。（图 3-4）

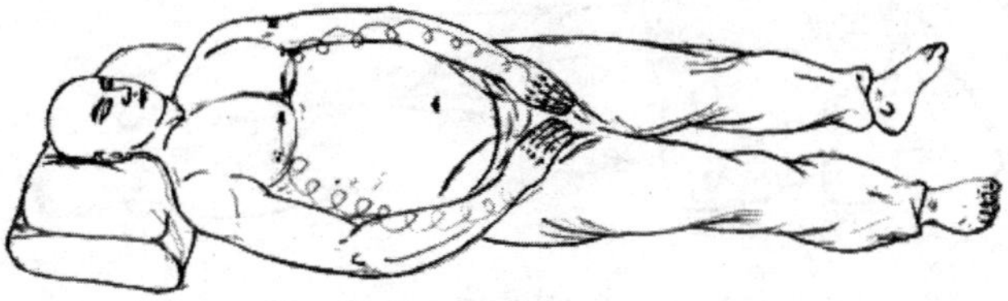

图 3-4

两手均以中三指按于裆前胯根部，边揉摩边旋转，原位揉转 21 圈后，继向髂骨移腹角软肋，边摩边转移向胁部，再内合向胃脘，后分开沿胁肋下行至髂骨，往返练习 21 次。

第五势　中原直通

【古诀】

不需摩转，直通耻骨。

直下直上，二十一度。

【古谱】

以两手中三指，由心窝向下直推至高骨 21 次。（图 3-5）

图 3–5

以两手中三指相接，由心窝腹中线部位推下，直推至耻骨联合处，共练习 21 次。

第六势　右绕脐轮

【古诀】

右掌按脐，揉转顺逆。

生命之谛，激发活力。

【古谱】

以右手由左绕摩脐腹 21 圈。（图 3-6）

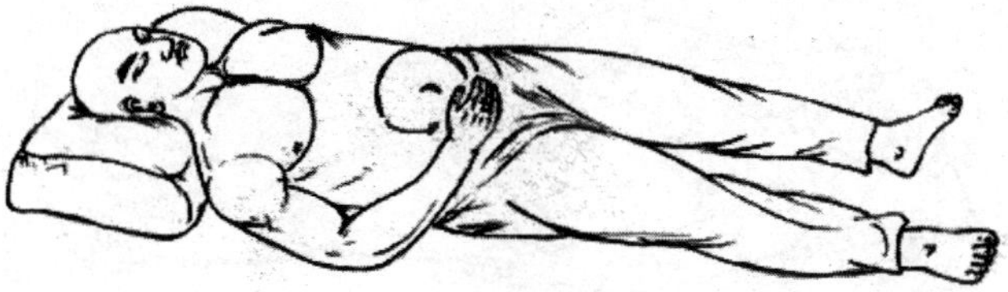

图 3-6

左掌放于小腹左侧，用右掌心按住肚脐，按顺时针方向围绕肚脐摩揉 21 圈，再逆时针方向摩揉 21 圈。手掌按住肚脐不可游移。

第七势　左绕脐轮

【古诀】

左手揉摩，右手护气。

中心摩转，二十有一。

【古谱】

以左手由右绕摩脐腹 21 次。（图 3-7）

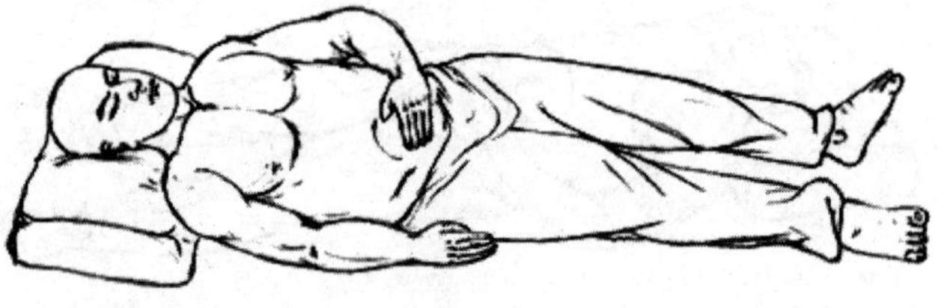

图 3–7

右掌放于小腹右侧，左掌心按住肚脐，以顺、逆时针方向各揉转 21 圈。手掌按住不可游移。

第八势　左厢下推

【古诀】

掌按乳下，沿腹直推。

祛除病邪，健肾脾归。

【古谱】

以右手将右边软肋下腰肾处，大指向前，四指托后，轻捏定，用左手中三指自右乳直推至高骨 21 次。（图 3-8）

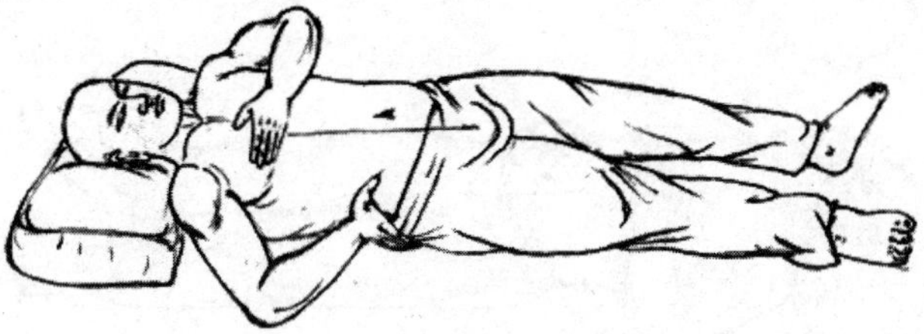

图 3-8

右手做叉腰状，置右边胁下腰肾处，大指向前，四指托后，轻轻捏住；左手中三指按在右乳下方部位，然后以此为起点，直推至右侧腹股沟（俗称大腿根）处，连续推按 21 次。

第九势　右厢下推

【古诀】

左手叉腰，右掌作推。

活跃气机，疏理脾亏。

【古谱】

以左手将左边软肋下腰肾处，大指向前，四指托后，轻捏定，用右手中三指自左乳直推至高骨 21 次。（图 3-9）

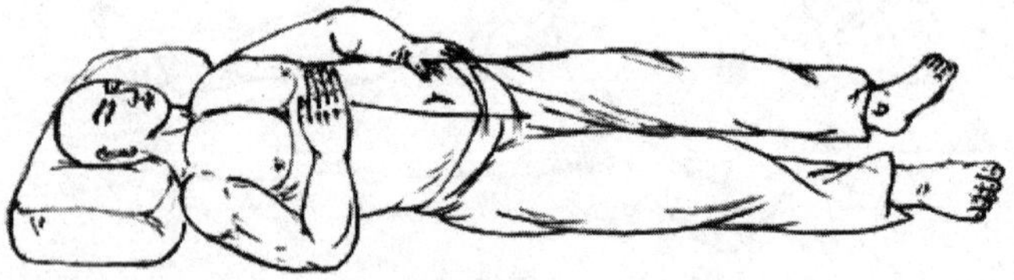

图 3–9

左手做叉腰状，置左边肋下腰肾处，大指向前，四指托后，轻轻捏住；右手中三指按在左乳下方部位，然后以此为起点，直推至左侧腹股沟处，连续推按 21 次。

第十势　胁肋两边

【古诀】

胁肋素软，揉护肝胆。

畅通生机，运行摩转。

【古谱】

两掌中三指，分按腹角软肋，且揉且移，至腋而下，往返21度。（图3-10）

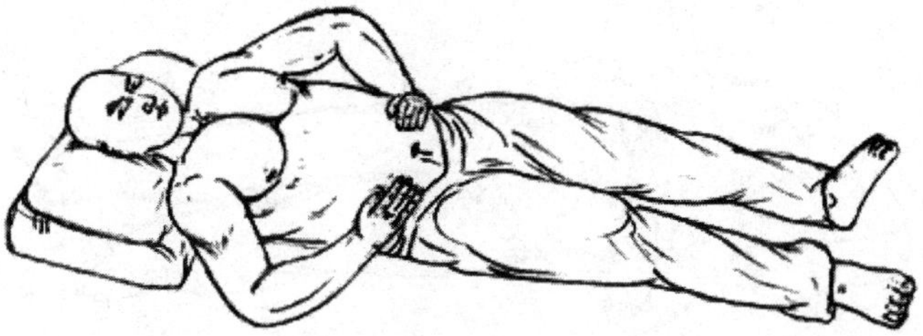

图3-10

两掌均以中三指按于左右腹侧软肋处，逆行向上，边揉边转，力度适中，直至腋下，往返为1遍，共练21遍。

第十一势　胸行周遍

【古诀】

胸厢上焦，内藏五脏。

肝心脾肺，气血壮旺。

【古谱】

两掌中三指互贴压胸，作旋而揉，顺逆各 21 周。（图 3-11）

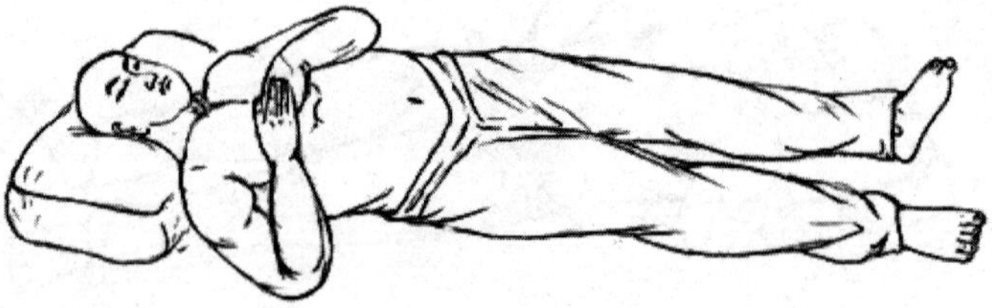

图 3-11

右掌中三指按住左掌中三指，左掌中三指按住胸前部，以顺、逆时针方向轻轻揉转。先用左掌揉，后用右掌揉，各揉转 21 圈。

第十二势　盘膝摇身

【古诀】

盘膝生根，腰为轴心。

上身摇转，休使着力。

不急不躁，功到自成。

气血和畅，驱邪扶正。

【古谱】

将前功做毕，遂趺坐，以两手大指压子纹，四指蜷曲，分按两膝上，两足十趾亦稍钩曲。将胸自左转前、由右归后，摇转 21 次。毕，又照前，自右摇转 21 次。（图 3-12 ～图 3-14）

前法如摇身：向左，即将胸肩摇出左膝；前向，即摇伏膝上；向右，即摇出右膝；向后，即弓腰后撤。总以摇转自适为妙，不可急摇，休着意用力。

图 3–12

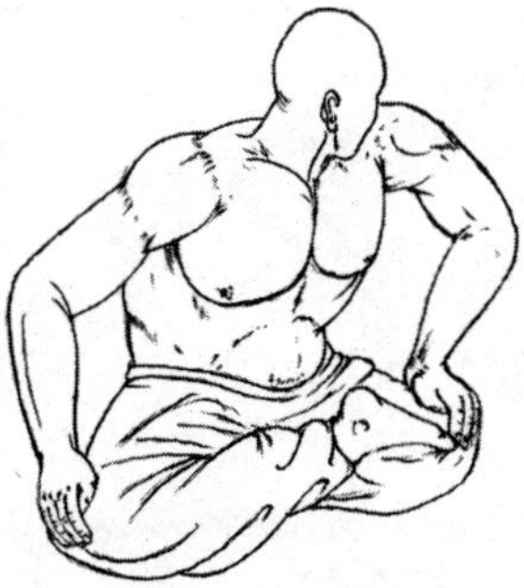

图 3–13

图 3–14

变仰卧为盘坐势，两手拇指在里，四指收拢，分别握按两膝上，全身放松，足趾微向下屈。上身微往下俯，进行缓缓摇动：先自左向前、向右、向后按顺时针方向摇转 21 次；然后自右向前、向左、向后按逆时针方向摇转 21 次。

如果摇身，向左时，宜将胸肩摇出左膝；向前时，宜将上身摇伏膝上；向右时，宜将胸肩摇出右膝；向后时，宜折腰后仰。摇转以自适为妙，不可心躁图速，刻意急摇。

要点

1. 练功前一般要求解开衣裤，以直接揉摩为宜。本功第一至第十一势，以正身仰卧为主。

2. 揉腹时必须凝神静虑，动作轻松、柔软、缓慢，不能用拙力，保持呼吸匀畅，切忌闭气着力。

3. 排除杂念，聚精会神，神不外驰，意守所揉，专心练功，但也不能死守不放，或者刻意加重、营造、追逐某种意念，因此增加不必要的心理负担，反为所累。做到这样的要求，精、气、神自然附注在揉摩之掌下。

4. 摇转上身时不可过快过急，练功后应自感轻松舒适、无疲劳感为度。

5. 依次做完前十一势为1度，每次可做2～3度，最后以第十二势摇身毕。初练功者早晚各做一次，不可间断，只要持之以恒，必见成效。

6. 练功期间，由于胃肠蠕动增强等生理功能的变化，常会出现腹内作响（肠鸣音），嗳气（气从胃中上逆，出咽喉发出声响，声音长而缓），腹中温热或易饥饿等现象，这均属正常的练功反应，顺其自然，无须作任何处理。

7. 凡腹内患有恶性肿瘤，内脏出血，腹壁感染及妇女妊娠期间均不宜练此功。

效用

1. 腹部温热：一般认真做到第6～7遍时，会感到腹部温暖，这是内气汇聚的表现。

2. 胃肠蠕动有声：坚持揉腹，动作熟练后，慢慢的每次都会出现胃肠的蠕动的感觉，有时甚至别人也能听到肚子“汩汩”的声音，这是内气汇聚后运行通畅的表现。

3. 头脑清爽：认真做完揉腹后，会感到明显的头脑轻松，疲劳感消失，因为揉腹可以使浊气下降，清气上升，腹内舒适，身心轻松清爽。

4. 排除宿便：揉腹后可能出现大便黑臭或者拉肚子、肚子疼等表现，这是内气汇聚攻冲宿便，排除胃肠毒素的表现。

5. 胃口变好：身体瘦弱者体重会增加；虚胖者身体会变得结实，肚子赘肉消失，腹部有弹性，这都是消化吸收功能增强的表现。

功理

1. 中医学认为，“背为阳，腹为阴”。腹部是五脏六腑所居之处，有肝、胆、脾、胃、大肠、小肠、肾、膀胱等脏器分布，因而腹部被喻为：“五脏六腑之宫城，阴阳气血之发源。”揉腹不仅将上脘、中脘、下脘三穴打通，而且揉法一直沉到丹田，将中焦和下焦连成一片，通过圈揉和回环晃动，横向联通足阳明胃肠、足太阳脾经、足少阴肾经、足少阳胆经、足厥阴肝经和任脉等经脉，使整个腹部的内脏得到运动，使内气迅速汇聚运行。本功法属于强壮功法，通过培护脾肾还能达到补气益精的目的，因此常练此功，有助于治疗肺结核、高血压病、神经衰弱、慢性肝炎、遗尿、尿潴留、遗精、阳痿、早泄等虚损性疾病，同时对于女子痛经、月经不调亦有一定的辅助治疗作用。

2. 现代医学认为，揉腹可增强胃肠蠕动，增加腹肌和胃肠管壁上平滑肌的血液和淋巴液回流，增加消化液的分泌，加强对食物的消化、吸收和排泄，从而有助于防治消化不良、胃炎、胃下垂、胃神经功能紊乱、慢性结肠炎、便秘等疾病。另外，坚持揉腹还可促进消除积存在腹部的脂肪，有助于防治肥胖症，对高血压病、糖尿病和冠心病等疾病均有不同程度的治疗作用。此外，揉腹可以产生“脑啡肽”类物质，能够迅速缓解大脑疲劳，使人产生愉悦清爽的感觉，非常有助于脑力劳动者消除疲劳。